わだつみ

神と人を結ぶメッセージ

西山由実
NISHIYAMA YUMI

幻冬舎 MC

わだつみ

まえがき

「わだつみ」を書く中で、神の放った言葉の一つ一つが甦るのですが、聞いてすぐの段階では気づかぬことばかりでした。

文を作る中で、神様の一言一句が甦る度に、意外にも深い意味が込められていたのだと後で感じてまいります。

縁ある者が来ると聞いたのは、この本は縁ある者の手へ放たれるのだろうという意味へ繋がります。

それは最終章で思い描いた内容が、それ迄の中でも、特にこれだったのだと気づかされ書かされたのだろうと感じます。

神が与えた「役目」を持つ子供、または特殊な霊力を持つ子供を育てる（任せられる）のは、神を理解した者でないといけないと思います。そうでなければ、サポートができないことが多くあるのです。

子供たちを受け止め見守るべき者自身が、つまり両親、祖父母、おじおば達など、子供の家族自体が、神仏・神事が分からない、神を理解していないという状態では、その子供たちの進む先にある、やるべきことへは辿り着けないままに終わってしまう、そのことを神は危惧していらっしゃるのではと感じるのでした。

一度お読みいただいただけでは理解できそうには思えない内容になってしまったかとも思い、まえがきとさせていただきます。

目次

1　どうして私なのですか？

駅前の本屋の山積みの本の題名が気になりました。

目が釘付けとなって、すぐに購読しましたが、私と同じではなさそうで、根本的には似てはいないのだろうと安堵しました。


それは《題名》がそう思わせたのでした。

ざっくり読んでみたら、同じではなさそうだけれど、実は神様からの言葉がキッカケで書いたのだろうかと想像が膨らみました。作者は神様から何か言われたのだろうか？　あまりにも私には衝撃的過ぎる題名、『神様の御用人』。

流し読みし、それほどに興味を駆り立てられるには至らずに済んだのですが、ハマってしまったら大変なことになってしまったのかもしれません。

というのは、私と同じことを神様から頼まれたのであれば、私が先に言われたとしても、書いたのは私が後になるからです。


『神様の御用人』…浅葉なつ著、メディアワークス文庫（２０１３年）

どこかであの本にはハマらぬよう、我ながら歯止めをかけながらサーッと軽く読み、内容は違うようだと落ち着き、そしてプロはやっぱり上手におもしろく書くものだなぁと、羨ましく感心させられてしまうのでした。

自分のやるべきことに、やっとの思いで辿り着いたけれど、違う者たちへも神様は同じ指示を出していたのかと、慌ててしまったということです。

少なくとも神社好きな神様を心底崇拝される方がお書きになられた本なのかな、と伝わってはきます。作者に興味は湧きますが、今後私はこの本には近づかぬと決心しました。私とは内容は違いますが、影響を受けてはならないと思う理由からです。

『神様の御用人』の作者も知らぬ間に神からのパワーで神様の存在を書かされているのだろうなぁとも想像してしまいもします。

世の中に神様から頼まれごとをされる人間は何人くらいいるのでしょうか？

私だけではないでしょうが、神様から言われた頃から気になって、ただ生きていた気もします。神と交信できる特殊な方々は除外して、一般の人を対象にどのくらいの人数に神様はお告げを下すのでしょうか？

私は神様から頼まれたのです！　神々を束ねる主の神から、霊媒体質のお母さん

（実母ではなく、愛称でお母さんと呼びます）、年上の霊媒体質の霊能者のお母さんの身体を通して。頼まれたというよりは、命令されたという方が正しいと受け止めています。ある時、多くの神々を束ねる主の神様から「正式に話がある、由実を呼べ」と言われたと、お母さんから呼び出され、当時の私の住まいから40キロは離れているお母さんの住まいまで、車を飛ばし駆けつけたのでした。

ちなみに私、西山由実（仮名）は現在65歳になってしまいました。

若い頃から、宗教にも政治団体にも関わることなく、神様とは宇宙人なのかもしれないけれど、神様はいるのだろうと普通に感じながら生きていましたが、ある時出会った訳の分からぬ占い師の言う通りに、訳の分からぬ世界を知ることになってしまいました。

職業はタクシーの女性ドライバーであります！

神を知ったのは、今から遡ること30年前のことです。神からの大切なことがあると言われてからは、20年近くも経ちます。

お母さんの住まいへ行き、正座をして、何を言われるのだろうかと内心ワクワクヒヤヒヤと、楽しみな心持ちの中で、神様が降りて来られるのを待ちました。

そして、告げられました！

《「多くの者達へ神の存在を伝えること」が其方のやること》と言うのです。

簡潔にそれを伝えると、神様はスーッと天へ戻られました。これは、神のいつものパターンであります。今回は、降りてくる神が神様の中でも特別だから、畏れ多くて重要なのだという気になってしまうわけでもあり、質問しようと思いましたが、その頃にはもう↑↑↑上へとお帰りなのです。

《良いか！　多くの者たちへ神の存在を伝えよ》と言い放ち、金の心配はするなというのです。

その時は何がなんやら分からない！

後で思えば、お金のかかること？　神の存在を人へ伝える？　それなら、本を書いたら伝わるよと、今なら簡単に分かったと思うのですが、当時は皆目見当がつかず、それだけでは何が何だか計り知れなかったのです。

言われた時には意味不明で、それに気がつくには長い時間がかかりました。後で紐解くと、神の導きで、「気づかせられる人」との引き合わせを気づかされたのだと感じます。

後から、確かに多くの神々たちが力を貸してくれていたのだろうと分かることが多くあります。

「金の心配はするな」とは、今思えばそれが一番の神からの大きなヒントだったと分かりますが、皆目見当付かぬ段階では、ヒントとしては気づかぬことでした。

初めからお金の心配などは全く考えも付きませんでした。何故なら、何をしたら多くの方々に伝わるのかさえも想像していない段階で、神事（神懸り）が始まるからです。

一般的な人に、神様は存在しますと言ったら、変な人ね、で終わります。

お母さんのところへ来る人たちの病が治り、彼らが「先生！　ドクターがビックリしてました。（癌が）消えていると驚いていました。ドクターに言いましょうか」と言うと、お母さんは（先生と他の人からは呼ばれている）、「そんなこと誰も信じないから、言わなくていい。治療はキチンとしなさい！　病院へは行くのよ」と答えていました。

そういうお母さんを頼りに来る人たちが、「先生！　宣伝しましょう」と言い出すのです。

お母さんが神様へ聞いたところ、神は、「宣伝はするな！　縁ある者が此処へは来る」と答えられたので、全く宣伝などはしてないのでした。

なのに私には「神の存在を知らせよ」と告げるのが、私には謎でした。

一般の人に神様を信じろなどとは言うだけ無駄、神様を信じる者は言われる前から神を感じている、感じることの無い者は言われても信じないというのが普通だと、私は考えます。

お母さん（霊媒体質）の身体を使い、「良いか！　私の力だけではない！　と主の神が言った！　多くの神々の力を借り神々の力で起こすこと、私の力（主の神）だけではないのだ」と、他にも少々話し伝えると、スーッと上へ、天へ上りお帰りになられます。

神は、言いたいことを話すとスーッと、「ええええっ⁉」と聞き返す間もなく、ビックリしている間に天へ上ります。神とは、やるべきことを伝えたら、打ち合わせの会議の時間などを作ってはくれない、手取り足取り1から10まで教えることなどはしてはくれない、要は自分で悟れ！　お前自身が気がつきやるのだ、ということのようです。

本音を言うと私自身は、神の存在を伝えよ！　と言われても、神を考えることもなく全く知りたがらない人が、神様を信じようが信じまいがどちらでも良かったのです。

神様を信じる仲間を増やそうとかも全く考えたこともなく、それが本心でした。世界中で神様を信じない国の一位は中国で、二位が日本なのです。日本人は神社仏閣へは行きますが、神仏の存在を信じてはいないということを、統計で数字が証明しています。

私はそのことを知っています。そんな私が「神様と話しちゃったー」と言うと、宗教にハマった、宗教に騙されてると、身内からでも変人扱いされてしまいます。宗教であるとは全く思わぬ私からすると気分が悪いので、他人へは言わないと決めていました。

しかし、神様からのご指名を受け、お告げを受けた以上は、全く無視もできない気持ちになりました。それまでは、神様の話は誰にでも軽々しく話はしなかったのですが、徐々に「神様っているのよ！　アナタは神様を信じる人？」と聞いてみる回数が増えました。

直感的に相手を選んで話してみますが、気持ち悪がり嫌がる人はけっこう多くいるものだなぁと感じ、神様のお告げとは厄介なものだと思う時間は長く続きました。

ただ、意外にも知識人、経営者、医師などのハイレベルな方々の中に、神様は存在しますよ、感じます、と答えてくださる方がいらっしゃるのが、私には心地良いことではあります。そして、そのことをお母さん（霊能者）へ話すと、お母さんの表情がにこやかになります。分かる人は分かるのよねーと、本当に嬉しそうな優しい顔になります。

霊媒体質のお母さんともう1人、お母さんの説教役相談役の女性が、お母さんの側にはいらっしゃいます。

その方はお母さんのように霊媒師霊能者として主に活動しているわけではありませんが、生まれ持っての才能か体質なのか、先天的に神界のことに詳しく、産まれる前の世界の記憶も、産まれた時に周りを見渡した記憶もあるのだそうです。

お母さんにとっては心身共に頼りになる人ではある女性です。

神が私へ「多くの者たちへ神の存在を伝えよ」と言われた後で、「何？　何をするの？」と質問した時に、相談役の女性は、「神を信じている人なんて普通はいないから」と、笑いながら軽く言うのです！　信じないのが普通と。

神！　神！　神！　と心酔し、神様神様と狂ったようにすがり付いて言ってる人の方が、おかしな変人なんだから。世の中ってそういうものだよ、と言います。「だからどうするの？　私に何をやれと？」と聞いてみたら、うーんと頭を傾げて間を置き、「いい？　あのね、何かが起こるから、待つだけよ。神は何かを必ず起こすだろうから、待つしかない。必ず何かが起こるから。由実さんは勘が良いから分かるはず。アナタなら必ず分かる」と言ったのです。

神様は必ず何らかの方法で知らせてくれるから、と。

説教役女性はケラケラと笑い、「あの神が、あれほどの神が此処へ呼び出した人は、此処へ来る人の中で2人だけ！　主の神からやるべき事を告げられたのは、神が言葉を告げたのはたったの2人よ！　由実さん！　アナタ凄いわー。もう1人は10億借金してでもケロってしてるあの、あのオヤジさんよ！　オッカシー」と言います。笑いが止まらぬ様子です。私も「おかしいよー」と、笑いが止まらぬ理由がよーく分かります。

神様とは、人間界では陽の目を浴びぬ凡人に興味を持ち、見ているのかもしれません。

10億の借金しているオヤジさんに、神様は何を言ったの、何を神様から言われたのと聞きたかったのですが、その前にお母さんに「神様から話があるなんて言われて、何だろうと思って期待して来たらこんなことなんだねー」と言うと、神様に慣れているお母さんは、「うん、そんなもんだよー」と、慣れた口調で軽くうなずきました。でも、神様の存在を伝えることは、実は凄いことなのか？　何をやり、何を伝えるかが分からなかったその頃は、何も推し量りようもなく、半端な気持ちを消化しきれない妙な気分になり、神様がオヤジさんに何を指示したのかを聞き忘れたままになりました。

それから、何を伝えるかが分からぬために悩み、それを待つ時間は10年どころではありませんでした。あっという間に20年近い時が流れたでしょうか。その間に、神様の言っていた言葉を思い出す、大きな出来事が起きたのです。

それは私へ神の存在を伝えること以外の、大変な大きな出来事。淡路の震災後に聞いていたことでした。「これからありとあらゆる場所で災害が起こる」、と。

凡人の私は、神を信じてはいるけれど、その言葉の信憑性を、起こった後で本当だったと知るのですが、それまでは「やっぱり起きたー」と思う程度でした。

世間では東京で大震災が起こると言われています。言われていない場所、油断している場所に大きな被害が出る地震が起こるのは何故か、考えさせられることではありますが、神の言葉に確信を得たのは、その後に起こった、東日本大震災と新型コロナウイルスの流行です。

そのことを聞いたのは、２００３年頃と記憶しています。何故この頃だといえるのかというと、この言葉を聞いて数カ月から1年しない頃にスマトラ島沖地震が起こり、その映像をニュースで見て、神の言葉はおそらく、日本でも太平洋側の海からのツナミが起こる、ということでは、と直感的に思った記憶があるのです。

その日から逆算すると２００３年頃に聞いたのだと、これから起こることとして

「地が割れ　海は大きく唸り荒れ狂う　そして天が荒れ怒る」という神の言葉を聞いていたと、記憶がしっかり蘇ってきたのです。

後にそれが東日本大震災と分かったのでした。

私の推理では、太平洋側の海で、日本海側ならそれほどの大きなツナミは無いのではと感じていました。ですが、私などには当然何もできないワケです。神がこのことは他言してはならぬと言ったのですから。

たとえ神の言葉を裏切り人に話したとしても、当時、「霊能者」が話したとしても、誰も信じること無く揶揄され見下され、馬鹿にされて終わったことでしょう。

神は、災害について話した次に、『これから世界中が貧困に陥り、街から人が居なくなる、多くの者たちが苦しみ悶え亡くなる』と話されました。それは世界中で何処ででも起こること、誰にでも身近に起こることと、手を動かしてお前にもふりかかるというくらいの勢いで伝えられました。もうお分かりでしょうが、霊能者のお母さんの身体を通しての言葉です。

それが後にコロナだと知ることになりました。

淡路の震災後（１９９５年）からそういう話は聞いたのですが、東日本大震災とコロナの話は２００３年頃に改めて主の神から聞いたのでした。

そもそも私がどのようにして神の言葉を聞くことになり、神の存在を信じ確信することになったのか、その理由の説明をしなくてはなりませんね。

いきなり「神様は存在します」と言っても、誰が神の存在などを考えるんだろうと思います。

その前に、私自身、著者がどのような者なのかというのも含め、「伝える者」の説明は必須条件ともなるのでしょう。

できることなら、何も気づかずに時が過ぎていくほうが良かったのに……ということが、隠せない心境です。

気がついた自分が１人、ただただ愕然として、悩みは重なることとなるのでした。

神様の存在を口に出して言い伝えるのは、人格者であり、教養高き善い人、優秀、誰から見ても素晴らしさが滲み出る知名度の高い人が適しているはずです。

神様の歴史書ともいえる『古事記』すら、一度も目を通したことも読んだこともない無教養な私には、不適切ではないだろうかと、誰よりも自分が一番に思います。何かを言われて罵倒されても、一番怖いと思っているのは自分自身なのですから。

なんで？　私なの？　それは！　それが！　私にとって深く重い謎です。

私以外にも神の存在を知る素晴らしい方々はいらっしゃいます。これまで私が出会ってきた中でも大勢います。

私のタクシーに乗り合わせた、日本の大学の最高峰の神社研究会の教授たちが、今は世界遺産にもなった玉置神社の話で分からぬことがあると言っていました。当時その神社を知らない方々は多く、凄いと絶賛されたこともあります。よほどお母さんを紹介してやろうかとさえも思ったほどです。

世の中には、神を知る優秀な方々がいらっしゃるのです。優秀な文才ある学識者たちは数多くいらっしゃるのです。

私から言わせてもらえるなら、分子生物科学者で日本一の国立大教授の大天才と言われてる科学者、生物学者教授！　あのような方々が適任者だろうに、と考えてしまいます。

あの天才教授は、話の端々で「何故神様はこのような生物をお作りになったのでしょうか?」と、神様の存在を取り入れて説明していらっしゃるのですが、不思議なことに神様と口にしても全く胡散臭さが残らないのです。自然体であり、胡散臭さが全くないのが羨ましいとさえ感じさせてくれます。

その大学教授の話は、神様の存在が何の違和感もなく妙に自然に聞く側に染み入ってるように窺えます。是非ともこのような方に、神様の存在を感じることについて、科学的表現で書いていただきたいと、そのほうが良さそうに思えてなりません。できることなら、私でなくても、と思う日々は続くのでした。

振り返り考えると、私は知らぬ間に神が敷いたレールに乗せられていたのかもしれません、いや乗せられていました。

そして、これだけはシッカリ伝えたいのですが、神の目的は、私に神様のために重大なことをやらせることではありません。神様（神々）が多くの者たちを動かし導いてくださっているのだということを、どういう時にどういうことを神が導いているのだということを、私を使い、神の存在を確信した体験談を曝け出し、私レベルの凡人に「気づけ」と知らせるために、私を指名したのではないだろうかと。

徐々に、そう感じてまいりました。

類は友を呼ぶと言います。凡人向けには凡人に本を書かせよう、分かりやすく、親近感を抱かせる者なら、神様初心者マークを付けている者たちへ伝えることができるのではと、神は私を指名してくださったのかもと思います。そうでなければ、私のような普通人を選びはしなかったのではないのか、という気がしてならないのです。

私なりに書くことが神様の存在を伝えることとなる、と私が信じることが、神様のお告げに応えることになるのだろうと思えてしまいます。

上手く綺麗に高尚な文面で伝えさせるのなら、違う人間を選んだでしょう。

神を信じてもらうためというのではなく、人生の半ばで、神様の存在を確信した経緯を、ただ事実を書き綴ろうと決心いたしました。

ですが、全てを公に書ける時代ではありませんので、できるだけ伝えることといたします。


神様の存在を確信できない者たちへ、神が伝えたい、選んだ者たちにやらせたい役目を、人間たちへ果たさせ導くことは、神様も並々ならぬ苦労があるのではなかろうかとも思えます。

この世に生まれる時には役目を持たせているのに、その役目を果たさせたくても、欲望に目がくらみ、楽なほうへ自由へとばかり向く人間たちへ、ちょっとだけ神様の存在を感じさせることができれば、神の与えている役目に気づき、神様が導きやすくなるからなのだろうかと、私的には感じるのです。ただ、神の真意は私には想像するだけですが。

2　わだつみ（海）

本の題名である『わだつみ』。読者の方は、その意味を知りたいのではないでしょうか。

「海」と書き「わだつみ」と読みます。インターネットなどで検索をすれば、海神と出ると思いますが、わだつみという言葉自体は漢字で『海』で、これだけで海神を表現します。

そして、わだつみとは神々を迎える海《わだつみ》の宮として、家の中に神を迎える社《やしろ》の名前です。私の出会った霊能者（愛称：お母さん）の元へ降りてきた龍神から、社を建てよと告げられ、その後に多くの神々たちを迎える社だと知り、付けた名称なのです。

この本の中でのわだつみ（海）とは「神々」、つまり多くの神様の総称であり、わだつみとは神様たちを迎える社に名付けた名称でもあります。

主の神が束ねる多くの神様達が挨拶をしに降りる社の名前が『海の宮』と名付けられました。

お母さんの相談役の女性が「神々は海から山へと登る神話から何となくね。海

（わだつみ）って良いでしょう」と閃き海の宮（わだつみのみや）と名付けたのだと聞いています。

海の宮という神社も日本中にはありますが、その神社とは関わりはありません。


本の題名を『わだつみ』としたのは、神様（主の神）からの言葉で「多くの者たちへ神の存在を伝えよ」と言われたからです。


神のことを〝確信〟した理由を伝えるためには、神事ではない方向からも話すことになります。神様の話へ辿り着く話もたくさんあります。

頭の中、脳内は、何処からどう書くべきかとごちゃごちゃになり、整理し難いまま執筆活動を始めてしまい、何冊分の本が書けただろうかと言えるほどの文章が浮かび出ては消え、また書くという時間を繰り返しました。

3次元の世界に住む私たちへ、5次元以上の世界、神界に住んだことのない者が伝えるのです。

ただの胡散臭いタクシー運転手の「そぞろごと」「たわごと」としか受け止めてもらえなくても当たり前で、知恵無き者には至難のことです。

大変だぁーという言葉を発するのが誰よりも嫌いで使いたがらない私が、神の存在を伝えることになるとは、とても大変なのだと、こんな大変なことが世の中にあるのだとつくづくと思い知りました。
何故人は、大変大変と大したことではないことをわめきちらかしたがるのか、大袈裟だと嫌な気持ちになる言葉なのです。

亡き母と同じ年齢の女流作家の先生が、作家活動は引退すると発表された後で、やはり活動を再開しますと書かれた本に、神仏のことを書いていらっしゃいました。そこでもやっぱり！　大変と言われているのです。
長き作家人生の中で、神様について書くことほど難しい大変なことはないという文面を読んだときに、大御所作家の方でさえ大変なのなら、私が楽に書けるはずがない！　神さまとて文章の上手さなどより、事実を伝えさせるために私を指名したのだと思い、それを感じると、書く事に自信ともいえる満ちた気持ちが生まれ、勇気が出てまいりました。

分からない、証明できないことは書くな！　くらいのことは、大御所先生にならなないことでも、私には何を言われるかと不安は満ち溢れんばかりでしたが、どんなに説明しても、信じない人には意味がなく、通じないのです。

読書家でもない私が、10代の中高生の頃から好んで読んでいた女流作家と同じ神事を書くという壁にぶつかるとは。同じ悩みを持ったということは、作品の差に大きな違いはあれど、細やかな喜びに変わることとなり、励みにもなりました。

20歳前後に出会った占い師にあることを言われました。天神という名の街の占い師です。

「15年後にしか分からない、不思議なことが貴女には起こる！　今までに見たことがない、何だろう……」と、私を占うことにハマり、予定時間は軽々と過ぎ、それでも興味深いらしく、複数のやり方で占いを続け、ようやく答えてくれました。

内容は多く追々でも書きますが、中でも、一番に重要だと思うのは、

「15年後にしか分からない普通ではないことがある、それが、何だか分からない！それは悪いことではなく、貴女にはとても良いことなのは間違いない。普通ではない特別なこと！　かなり大きなことです。何度も繰り返し色々な方法で見ましたが、私でさえ15年先であることしか分からないのです。それが何かを知りたいのですが、15年は長過ぎるので私は諦めます。待てないから。ただし悪いことではありません」と、繰り返し言いました。

「相当特別な、普通ではないことです。私が見て分からないことは絶対にないの

に」と、残念だと悔しがられていました。

「貴女は、苦難と苦悩の時間が続き、大変な生き方にはなる。私と同じ相があるので、同じ仕事をやるなら、貴女はちょっとだけ勉強すれば、占い師は簡単にできますよ、勉強してもなれない人も多くいますが、貴女は簡単にできる人です。でも、神経が疲れるからオススメはしません」とも言われました。

占い師さんは私以上に15年先を知りたがっていたのです。

実は先に姉が占い師に見てもらい、私にも見てもらいなさいと見料まで出してくれたから、占い師から私の人生の予告を伝えてもらえたのです。私は占いをあまり信じるタイプではなく、お金を支払ってまでやってもらおうというほど興味はありませんでしたが。時間の延長した分はサービスしてくださいました。

その15年後と言われたことは的中していたのですが、その中の1つは「霊能者」と私が出会うことだったのだと推測します。

これ（占い事）を説明するには、又々細かい報告を書かねばならないので省略し、15年後に神事を知ったということを報告するにとどめます。

私は神の歴史など全く学びもしてませんし、学ぶほど興味深いとも思わず、単純に神様は普通に居るのだろうなぁくらいの感覚はあるにはある。その程度の普通人です。

しかし内心、神様がいるかいないかといえば、神とは宇宙人なのではないのだろうかとは、心の奥底では何となく感じていたのですが、ただ「感じるなぁ」で、それ以上は何かする手立てもなく過ごしていただけです。

初めはお母さんとの出会いです。

私が暇な専業主婦だった3年間、埼玉に住んでいた時期にお母さんと知り合いました。私は、その住まいへお邪魔して、ときどき運転しないお母さんの足代わりに運転手をしていました。

そしてある時、霊能者であるお母さんの身体に神様が乗り移り、話し出すところを目の当たりにしてしまったのです。その瞬間に立ち会ってしまったのです。

お母さんは、お母さんの意思ではなく、神様に憑依《ひょうい》された状態で話しました。話し出した時に、あっ！　もしかして占い師さんが「15年後に普通ではないことが起こる」と言ったのは、この神事（神懸り）のことだったのかなと、占い師の話の記憶が甦りました。なので、疑う気持ちにはならず自然に受け入れることができたのでした。

お母さんは、霊能者としての体質が芽生え鍛錬される以前から、神様と出会ったことがあるそうです。お母さんが専業主婦ではなく、兼業主婦として仕事をしていた頃で、神様からは仕事は辞めよ！　と何度も言われていたといいます。お母さんは、「仕事は辞めたくないのに、従いたくないのに、会社を辞めるしかないわ」と言うのです。自分が従いたくないことを、自分の口で言わされるのですから、嘘でも演技でもないのだとわかり、これがお母さんを信じられる理由でもあります。

当時の私の年齢から数えると、ちょうど占い師さんの言っていた15年後でしたので、確かにこれは普通のことではないことだと、このことだったのかと、占い師の話の詳細は忘れていましたけれど、そう感じました。初めは、こんな程度のことだったのだろうかと思っていました。

20歳前後の時に聞いた占い師の話は、ふだんはすっかり忘れていますが、何故だか、この時!!　という必要な場面で記憶が甦るのです。

頭の記憶の引き出しから、玉手箱のように、アッ！　あの時占い師が言っていたことだ、と思い出すことで救われたことは何度かあります。

一番は自殺を止めたことですね。この内容を書き綴ると私の自叙伝になってしまいますので、とりあえず神の存在を伝えるという方向へ軌道修正いたします。それを優先するべきでしょうから。

海の宮は「わだつみ」。

霊媒体質のお母さんの話では、国家公務員住宅の団地で暮らしていた、主婦の元へ神が降りてきたのがはじまりです。

お母さんは東北の農家の地主の娘で、結婚後に旦那さんが転勤で霞ヶ関勤務となります。住まいは埼玉県大宮市の公務員住宅（今は引退して別の場所に住んでいます）。

私には出会うことが決まっていた方なのだと確信しています。

お母さんは、東北ののんびりとした自然豊かな田舎で、信仰深い両親の元で生まれ、神様大好きな父親を見て育ちます。

結婚して家族を守る主婦として、また仕事もしている兼業主婦として暮らす中で、自分のご先祖様たちの中に成仏していない霊がいたら、大切な家族に害を及ぼすこともあるだろうと、先祖たちはきちんと成仏してくださっているかな、成仏できていなければ先祖の魂を成仏させたいと考え、密教道場へ通っていたのだそうです。要するに、初めは家族のために修行していたのです。

プロにお願いをして霊体を一体上げるためには高額なお金が掛かり、先祖の中で何体の霊を上げることになるのかも分からないので、自分が修行すれば成仏させてやれると考えてのことのようでした。

家族には、夫婦2人分の家族の先祖がいるのですから、どれだけ霊が成仏していないのか、予測不能だからです。一番は幼くして亡くした娘を心配していたのかもしれません。

おそらく、自分の体質に何となく異変を感じていたのだと思います。そうでなければ考えつかないことだと思います。

お母さんは、結婚後何年かして、東北から関東で暮らすことになります。

私はそれとは真逆で、九州で生まれ育ち、関東へ行きました。

お母さんは当然ながら、関東を守る神がいる武蔵一宮氷川神社へ、足繁く参拝をしていたようです。その頃から、私と出会う少し前から、霊媒体質が強くなり始めていたようです。

「霊が降りてくる」とはいえ、初めは神と称してナンチャッテ神様、偽物の神が降りてきたり、時には動物霊も降りてきたりして、お母さんも初めは見極めるのが大変なことも多かったようです。私がお邪魔している時に猫に豹変してしまい、訳が分からないまま、お経本片手にお母さんの身体に氷川神社の破魔矢を刺し、除霊らしきことをやらされたり、お母さんの相談役がいない時には、助っ人として多少のお手伝いをしたこともありました。形ばかりの儀式でも破魔矢の効力はあったのでした。

初めはそういうレベルだったお母さんも、急激に低層霊を祓《はら》う力が増していき、神を装う偽物の神も見極める力も増していきました。

当時、私は暇な専業主婦で、若い頃は観光バスガイドをやっていたこともあり、道は多少詳しかったので、お母さんが行きたいという関東エリアの神社仏閣へ、時には私用でも、神の話を聞きながら、運転手として同行しました。浅草寺とか氷川神社はもちろん、千葉県（日蓮ゆかりの誕生寺へも）関東近辺も走りました。

お母さんは突然「由実！　龍がね、龍神が！　白い龍神がベランダに降りてきて、お乗りくださいと言ったのー」と言うのです。

「エッ？　ハァー？」と、目が点というのでしょうか、何と言えばよいか分からず続きを聞いていると、「白い龍神に乗り大宮の上空を走ったのよ」と、まるで日本昔話のアニメ番組の中の坊やのようなことを言うのです。でも、嘘だとは全く感じませんでした。うん！　うん！　と聞くだけでしたが、事実なのか？　幽体離脱したのだろうか？　それとも夢なのだろうか？　その辺が詳しく知りたくもありました。しかしそれを聞くと、信じてないのだろうと思われるような気がして、「へェー」と答えることしかできませんでした。

「氷川神社の龍神は白いのよ、白い龍神なの」と誇らしげに話すお母さんの目を見て、絶対に嘘ではないと私は信じるだけでした。

その後何度も龍神に乗り、氷川神社の上から大宮の街を見た話を興奮しながら聞くこととなりました。最初の頃はお母さんに降りてくる神様は氷川神社の龍神だけだと思っていたのです。

お母さんは時間のある時は足繁く氷川神社へ参拝しに通っていました。

その途中、参道からホームレスの女性がお母さんへ飛びついてくるということがありました。おもしろい話というと叱られそうですが、生きる気力を失い、焼身自殺をしかけた人が急に飛びつき、すがられてしまったのです。「耳元であの者へすがれと聞こえた」と言われたらしく、お母さんもビックリしていましたが、火の粉を払い消し、何とかせねばと女性を自分の住まいに連れて行き、風呂へ入れて身なりを整えてやりたいと家族に伝えたら、ダメ！　と怒られてしまったとの事。仕方ないので、ビジネスホテルのマネージャーに頼み、風呂へ入れて自分の服を与えてしばらくめんどうを見ることになりました。

「とにかく臭くて大変だったのよ」と言います。

私はお母さんの送迎をしたのでしたが、お母さんは、「ホームレスには妙な憑き物が付いてるのよ」と言います。

以前、私もホームレスの女性を車に乗せたことがあります。その時、ホームレスに付いていた憑き物がイタコ状態になってお母さんに憑依して話し出すのです。その後で普通に戻ったお母さんが、「何か変でしょう、私嫌いなのよ。何かな、妖怪なのかな?」と言うのです。

お母さんの自宅で一緒にいる時に、またホームレスの憑き物がお母さんに憑依して話し出しました。

この時は不思議なことに、私の口からポロリといきなり「アナタ『貧乏神』でしょう!」という言葉が出たのです。すると見事に的中、「そうだよ、貧乏神だよ」と白状しました。ホームレスの女性は、昔大金持ちの有名な方の孫娘だったのでした。ワケあり大金を受け継ぎ過ごしていましたが、貧乏神には貧乏神としての役目があり、孫娘に取り憑いてお金を剥奪したということのようです。

貧乏神の神様にも、性格も情もあります。流れるべきお金を流れるべき方向へ流さず、受け止めるべきではない者が受け、お金の流れを堰き止めるとき、貧乏神は貧乏神の果たすべき神としての役目を果たすようでした。

ただ、役目は果たしましたが、長い間憑いていたことから見捨てる気にもなれず、ホームレスとなった女性が焼身自殺をしかけた時に、耳元にあの者へすがれと伝えたのです。

お母さんはのん気な東北の苦労無しの育ちだからなのか、彼女を自宅へ連れ帰ったというのが笑えるのですが、家族から「福祉に任せなさい、後は関わらぬこと」と厳しく言われたそうです。

要するに、貧乏神の神様とは、元々貧乏な人間には取り憑かないということなのです。

その貧乏神と話した時、神様らしい話し方をしないので、私は、相手を見下した、貧乏神の神を茶化すような話し方をしてしまいました。

すると、急に威厳のある言葉で「たとえ貧乏神と言えど神である！　神に対してその物言いようは許さぬ」とこっ酷く叱られ、貧乏神の神様から説教されてしまいました。

私は威厳ある神様にはご機嫌をそこねぬように気をつけて話していましたが、貧乏神には相当嫌われたのだろうと怖くなったのでした。

その時に知りました。

貧乏神は神様なのに、一生懸命に真面目に働いてる人間には憑かない。それなのに、世間からは神として崇拝されない、貧乏神の神様としての辛い御苦労ということを。

ちょっぴり自慢になってしまいますが、私は何も考えていないのに、誰にも見抜けないようなことがポロリと口から飛び出し、それが正解だったという経験が日常的にあります。最初は不思議でしたが、数が重なるうちに感じるのは、きっと守護神が言わせているのだろうということです。私の口からポロリと飛び出した発言を、意外にバカにせず参考にしてくださる経営者の方々が多くいらっしゃるのは、それは心地良いことです。

3　ライオンに乗る

私はバツイチで、離婚後に37歳からタクシードライバーとして生活を始めました。初めてのタクシー会社は、女性は昼間の勤務しかできない会社でした。

それからしばらくして、霊能者のお母さんのところへ遊びに行った時におもしろい出来事がありました。お母さんのお説教役の女性から言われたのです。

「昨日気になる夢を見たの。ライオンが腰を降ろして座ってるのよ、そこに由実さんが立ってるの。そして私に聞くの。『ライオンに乗ってよいかな?』と。そして『乗ってもよい』と答える夢。何かしら、何だか今までにない夢で、とても気になったの」と言われたのです。

その後、私の仕事で、昼勤務だけしかできない会社では私は満足できず会社を変わる予定でした。

最初から入社したかったタクシー会社は、当時女性の採用はしていない会社でした。女性はタクシー会社を選べる立場ではなく、数社の中から選ぶ時代でした、

私の選ぶ会社は、お客様が女の運転するタクシーなんかには乗りたくないという意見があったらしく、女性は採用していませんでした。そんな、女性が蔑視されて

いる時代だったのです。

それも私がタクシー勤務10年を過ぎた頃には、大手のタクシー会社は何処も女性を採用する時代になっていました。

面接に行ったとき、営業所の玄関を入ると、そこにはライオンが腰を降ろして座る大きなブロンズ像が置いてありました。おそらく、日本橋にある老舗デパートの玄関にあるライオン像と同じような意味合いで置かれていたのでしょう。ライオンは動物の中の王様という意味です。デパートの王様に因んでると聞いた記憶があります。

そういうことか！「夢」で私は、王様の会社のタクシーに乗れと言われたのだ！

私は勝手にその気になり、この会社で乗ります！　この会社のタクシーに乗ります、と決めたのでした。

しかし、入社して3日間は昼勤務と言われました。昼勤務をやりたくないから前の会社を辞めたのに、10年選手の私に昼間をやらせてどの程度のレベルなのかと試そうなんて、昼間の渋滞が嫌で会社を変わるのにスタートからヤル気をなくす、嫌味なことをする会社だなぁ、とムッとしたのですが、従うしかありません。

3日間の通勤では、以前より1時間早起きして通いました。朝の電車に、乗り換えでめんどうなのもあり、半日の勤務は全てがロスばかりでヤル気をなくしてしまったのです。

ですが、神様的にはかなり力を込めて引き合わせた会社だろう、辞めるなら早いほうが良いので会社が合わなければ今かな、と思いつつ、様子を見て、辞める選択肢も考えながら3日間仕事を続けました。

神様は私のプライドを守ってくださったのです。たぶん神様オススメの会社だったこともあるような気がします。

立地的に前の会社とは異なり、都心へ向かう時と車庫へ帰る朝夕の渋滞ラッシュが大変なロスタイムとなり、昼間の収入の足を引っ張ってしまうのです。試験期間3日間は特に早く帰れと言われたので、おそらく5千円〜1万は軽く収入をロスして、成績はマイナスにはなってしまいます。

乗務する前の通勤に無駄な神経と体力を使い仕事に挑むのも、私的には大きなロスです。

立地条件が最高に良い会社からタクシー運転手デビューした私には特に、無駄なことを我慢して心身共についていける条件ではない中で、どの程度の実力を持つ運転手なのかを試される3日間でした。

そうでなくても、営業所の班長課長クラスは、中小他社の経験ある運転手は注意深く観察する雰囲気があるようにも思えたのです。

私は、昼間の3日間、当時の単価なら昼間税抜き3万以上できればいい時代に（時間内残業無し）、何故か3日間全て5万以上クリアできました。

流石に当時では出来過ぎで、神様の神ワザではないかと思えることです。前の会社とは立地的に違い、慣れない運転手には難しい場所からのスタートで、このあり得ない数字は快挙だと感じました。

3日間の試験期間は営業時間も短く、早めに帰ってこいとの指示の中でのこの出来高。前の会社で立地のよいスタート条件（渋滞と時間）での昼間の出来高、6万くらいの価値に値します。17年以上前の料金単価なのですから、3日間連続5万というのは、慣れない初めての場所、朝の渋滞スタートでなせる人間業ではないだろうことと自覚していました。

上司の見る目が変わり、身構えたようにも思えました。

私は神様の存在を知っている、だからか、この数字の結果は今までの会社でやるべきことを成したご褒美だと、今後働きやすい環境を与えてくれたのだ、神様がプレゼントとして力を貸してくれたに違いないと思い、嬉しいスタートを切ることができました。

現在の会社は最初に勤めたタクシー会社よりも長く勤めることとなります。前の会社と異なり、社風が私にとって居心地が良く、昼間の渋滞を好まぬ私には女性でも夜勤をすぐにやらせてもらえ、楽しく働けるうえに収入も上がり、あっという間に社内でも古株となってしまいました。

おそらく、神様の導きなのでしょう。そう感じます。

免許歴の浅い時に昼勤務でガンガン鍛え、10年の修行を積んだのだから、思いっきりお稼ぎなさいと、後押しされたような気がしました。

その後個人タクシーの試験にも受かったのですが、違反があり、その後にお巡りさんにおいでくださいと言われ、個人タクシー運転手にはなれませんでした。

ただ、個人タクシーをやれなかったことも、神様の導きかもしれないと最近は思うようにしています。

おそらく、職場と住居というのは人間が気づかぬ間に、神様が動かしてくれているのではないかなと思います。

最初の昼勤務だけの会社でも、内容は異なりますが、やはり夢を見たことがそのまま起こるという出来事がありました。職場とは縁で繋がれてるのだろうと、感じています。

4　黒猫と本の神様

私は、全く神事とは関係ない出会いの人だと思っておりました。

後に宗像宮子（仮名）という女性と出会うことになりますが、「多くの神々の力で」という主の神の言葉は、この女性へ辿り着くまでの導きに力を貸された神々も含めて、という意味だったのだろうかと今は推理します。

勤め先を変え仕事のシフトを夜中心に変え、神様から告げられたことも何かが起こった気配も感じぬままに、仕事中心の生活をしていました。

お母さんのところへ行く回数も徐々に減りました。

というよりお母さんは、最後の大きなお役目を神からやらされた後には、霊能者としての活動はほとんど休止しています。神様からの計らいなのだろうと思えます。

あのことは何だったのだろうか？　あの話は？　神様の言う災害も気にはなりながら、何することなく過ごしていました。もうお母さんのところへも行っていないし、神様は私に話したことは予定が変わりもうなくなったのかな？　私は神様から見捨てられたのだろう、いったいアレは何だったのだろうか……？

そんなときに神様の言っていた災害（東日本大震災）は起こりました。日本中が騒然となる出来事が。

もう一つの話はどうなってしまうのだろうか、起こるのだろうかと思っているうちに、神様の言った通りに、災害は本当にあって、それからあっという間に時間が過ぎていきました。

もうこの後は何もなく過ごせるのだろうか？


私は昔から収入は人よりは高いほうだけど、人一倍貯蓄をシッカリとできる人ではありません。贅沢はしませんが、何の気なしに使ってしまう、自分には使わず姪に色々贈り物をする、食費もケチらない。日常的にケチ臭い生き方は無理な性格です。

ですが、世界が貧困に陥ると聞いていたので、以前より自然に貯蓄が増えることになりました。数年仕事ができなくなるとしても、何とか乗り越えていけるのではないか、職種柄歩合制給料なので、何か起こるかもしれないと考えることもあって、多少の意識で意外にお金とは蓄えられるものなのだなとも思い知るのでした。

貧困に陥るなら私のような職業などは一番保証されない職業だからと、タクシー会社を変えた数年後には、老後を考えて急にマンションを買う流れになっていました。

人は気づかずにいるのでしょうが、つくづく、職場、住まいの場所などは、神々の力が強く引き合わせているようにしか思えてなりません。

少なくとも私の場合はそうでした。

というのは、通勤途中に通る道で、ある中古マンションに心が躍り、気持ちが引き寄せられ、それまでは全く考えてもいなかったのにマンションを買ってしまう流れになったからです。

築浅ではありませんでしたが、物件的には頑丈なシッカリとした建て方のマンションで、事故物件でもなく、不思議に惹かれて、昔の仕事経験からも良いマンションだと思ったのです。

部屋の広さも、会社への距離も、スーパーが向かいにあり、値段も時期的に底値で、一人暮らしの私には最高のお買い得物件が、速攻で購入できたのでした。

値段的にも、あの頃に買わなければ出会えなかった住まいだと思えます。

リフォームをして引っ越しを済ませ、ほっとひと息つき昼寝をしてると、洗面所の上から水が落ちてきました。上に住む方が工事をしたことが原因でしたが、数日前に挨拶は済ませていたので、部屋の補償はしていただき、平穏に収まりました。

それがきっかけで、今時のマンション内では珍しくその上の部屋に住む宗像宮子さんとお友だち付き合いをすることになりました。

それから8年くらいの付き合いになります。私の部屋と同じ間取りで、上と下に住む仲で、「朝早くから掃除機を掛ける音がしないかしら」と聞かれても「全く気にならないよー」と話したり、たまに私の私用車でちょっと遠い眼科へ送迎してあげたり、病院へ送ったり。「今日休みだから帰り待ってるよ」と言うと、「時間が読めないから早く帰って寝なさいよ、疲れてるでしょ」と。「帰りはタクシーが病院の前にあるから大丈夫。遠慮する」という、お互いの負担を気遣う、より良いお付き合いができていました。「朝の時間のタクシーは捕まりにくく有難いからこの曜日もお願いできる？」と頼りにしてくれてもいました。

宮子さんと私は年齢が30は離れており、親子ほどの差がありましたが、戦後すぐ若い頃から日本でも指折りの大手印刷会社で定年まで働き、お一人様で優雅に老後を暮らしているお婆ちゃんでした。私にとっては、同年代の友だち感覚で話せる人生の良き先輩、相談役とも感じるような、年齢を感じさせないステキな女性だったのです。

引っ越してしばらくした頃の仕事帰りの早朝、宮子さんの日頃の優雅さは消え失せ、目の色を変え泣きそうな顔で猫、猫、猫がいないのと慌てていたのです。

話を聞いたら、近くの野良猫たちに毎日餌をあげていて、一緒に猫に餌をあげている猫友だちと散歩をするのが日課らしく、それがここ数日見かけなくなり、まさか今日はいるだろうと思ってたが今日もいない、と泣きそうになって探していました。

近くの猫友だちと担当コースを分担し、毎朝野良猫たちに餌をやりに回るそうです。また、餌を与えるだけだと子猫の野良猫が増えるので、動物病院で去勢手術をしたり、病気になってしまった猫を病院へ連れて行き治療をしてやったりするのだと。何と優しい人たちかと感心させられました。

その中にいた黒猫が特に心配なようで、「本当は猫を飼いたいのだけどみんなが絶対にダメと言うの、歳だからね、私の方が先に死んでしまうから仕方ないわよね」と、飼えない分、外猫たちを大切に思っているようでした。

それから時間が数年流れた頃に、宮子さんの部屋に頂き物のお菓子を持っていくと、「あのね、転移したの。肺に」と、以前患った大腸癌から転移して、再手術するのを考えてるという話をされました。当時90歳は過ぎていました。その後、やっぱり手術はしないと決めたと言うのです。年齢と、癌の内容、おそらく手術後の体力などを考え決めたようで、そのために色々な本を読んだのだなぁと、本棚を見て感じ取れました。

半端に手術に踏み込むより、進行する時間を考えても、年齢的に寿命に差があるのかも考えてのことだと思いました。


彼女は毎週決めた曜日に猫カフェへ行っていましたが、仕事が休みの時などは送迎して一緒に買い物するのを楽しむ時間も作れました。

宮子さんの老い方、生き方をいつか私も参考にもできるのかも、という気持ちだったかは分からないけれども、親元離れて暮らし親の世話が全くできていない自分には、親への懺悔《ざんげ》の気持ちの穴埋めになっていた気がします。


宮子さんへは、本人から頼まれていないことでも、つい自分からやってあげたくなるのです。関わる時間が私にとっては嫌なことではなく、むしろやりたいことになっていたのでした。

宮子さんは読書家で、「手術はしないと決めたのよ」と言った日から、夜9時半に毎日寝る時間まで本を読み、死ぬまでの間に読みたい本はぜーんぶ読むのだと、それが最後のやりたいことだと笑顔で言っていました。そんなことを聞いても亡くな

ると は到底思えないくらいに日常生活を送っていたのですが、数年が経ち、その後は外出を少しずつ控えるようになって、宮子さんの読みたい本を私が本屋で買って来て渡すというやり方をしていました。そういう本の買い方をしていましたが、私が街の本屋さんで購入するのは、本屋さんが無くなったらという心配からです。

かつて猫カフェへ行くと、猫カフェの売上を気にしていました。「宮子さんのことだから、ケーキと飲み物を無理してダブルでおかわりするんでしょ」と聞くと、クスッと笑い、見抜かれた、というような顔で笑っていました。自分の贅沢なことにお金を使うより、身近な人たちに貢献したい人なのです。

週の中で決めた曜日にまとめて、牛乳屋さんと健康飲料を売る女性からも、野菜ジュースやヨーグルトまでたくさん買って、自分が飲めないのに猫友だちとか私とかに手土産としてたくさん持たせる、働く人たちへも細やかな協力をする人でした。宮子さんは、決まったところから購入するとずーっと決めているのです。

高齢であっても、日々のなかで、社会人としてささやかながらも社会、経済、流通への貢献をすること、新聞も、週二回のお掃除屋さんも、クリーニング屋さんも、ずーっと決めたら何があろうとも変えずに、働く人を裏切らない、他者を思いやる人です。

私はそういう人格を尊敬していたのでした。それは、人とはお金の扱い使い方で本性を知れるのだと感じているからです。

宮子さんは、徐々に体力が衰えていき、終末期へと入りました。身内は全員他界されて、完全なるお一人様でした。宮子さんが終末期へ入る頃から、世の中にはコロナが蔓延して来たのです。

あーこれか！　神の話したことは「新型コロナ」だったのだとすぐに気づきました。

やっぱり本当に起こったなぁー……。

聞いたことはやはり起こっている。

神の言葉で聞いた時からは随分な時間が経っていました。その時からすでに16年は経っていたことになります。

すぐに、これは何年くらいの期間続くのだろうかと思いながら、5年は続かないでと願い、1年2年で済めば良いがこのままの勢いで5年とかになったらどうすればいいものやらと心配しました。

神様とは、先人たちには戦争という悲惨な試練をお与えになり、その世代が過ぎ行く頃にはまたもコロナという試練を世界中へ与えるのか。それとも、中国の研究所から流出して今以上に大きな被害を出さないように止めたが、抑えきれなくなり今に至るのだろうか。

神でも日本の神ではなく、お母さんの言う相反する神なのだろうかとも、神様の声を聞いていた者としては、こんな他の人とは異なる考えになるのでした。
コロナ禍になりタクシーは暇になり、出勤日数も減りました。

宮子さんはその頃には余命宣告を受けており、それでも白内障の手術はしたのです。彼女を担当したのは女性の優しいドクターで、宮子さんが「もう私は長くは生きられないので手術はしない」と話したところ、「だからやるのですよ。その少ない時間、シッカリとモノを見るのです」と言われ、手術を受けることにしたのです。
その時に白内障手術をしたから、死ぬまで読みたい本が読めると、にこやかな笑みが溢れるのでした。そしてシッカリとインプラントのメンテナンスにも通っていました。今思い出すと宮子さんなりに終末期の準備を万全に整えていたのだと思えます。

コロナは、私には逆に終末期へ入っていく宮子さんと一緒に過ごせる時間が増えることともなり、以前より色々な話もする機会も増えて、これからの短い時間になるだろう人生の良き先輩へ、その少ない時間をどう過ごさせてあげられるだろうかと考える時間にもなりました。

「ねえー、今の内に何処か行きたいところはないの？」と聞いて「何処へでも車で連れてくよ」と言ったこともあります。

「トイレが気になるからいいわよ」と言うので、そんなものなのかなと強引には誘わなかったのですが、こういう場合は意外に強引さが必要なのだと後で知ることとなりました。

もうベッドから出ることも大変になってきた時期に何故か聞いてしまったのです。

「何処か行きたいところある？」と。

すると宮子さんは「あのね、『月の砂漠』に行きたい」と言いました。アッ、そんなところなら遠慮なく言えばいくらでも元気なうちに行けたのにと悔やんだのですが、もう行けないねとは言えませんでした。「どうして月の砂漠へ行きたいの？」と聞くと、「何となく～くね、いいところなんだろうなぁって思うから」

千葉の御宿にある『月の砂漠公園』は、童謡の作者が療養していた場所らしいのですが、不思議にも私の知る神懸りのお母さんも行きたいと言っていたなぁと思い出しました。

お母さんも、幼くして亡くなった娘が5歳の頃、童謡の月の砂漠を一緒に何度も歌っていたと言っていたなぁ～。宮子さんも、子供の頃に誰かと歌ってたのだろうかと想像してしまいました。誰と歌ったのでしょう。お母さんかな、お姉さんかな？「何となく」というのは、その言葉が幼い頃からの記憶なのだろうと、自分の幼い頃の思い出を走馬灯のように思い浮かべてる時間なのだろうと、無理にでも元気なうちに連れ出して行っていればと、貴重な時間を無駄にした気がしてなりませんでした。

宮子さんには、古くからのお付き合いある友人が後見人としてついていてくれていました。ですが、コロナにかかったり、ご主人の病気などもあったりする中、時間の余裕がある時には世話をして帰っていかれます。

私は下に住んでおり、コロナ流行時期の出勤調整期間中で余裕があり、話し相手にもなれるので、宮子さんが寝てる間は部屋に戻り、起きた頃にまた宮子さんのところへ行きました。トイレへは何とか頑張って行けていた時期、私がゆっくりと宮子さんの手を引くと、色々な話が弾みました。この時間は末期時期へ入る10日くらい前です。

宮子さんと私だけの秘密の話ですが、こよなく読書を好んだ宮子さんから「あの本は嘘だった」という言葉が出てきました。

題名も聞いたのですが、その瞬間！　私の口からポロリと溢れ出た言葉が、「宮子さん！　本を書く！　私が本を書くよ」。全く考えてもいなかった言葉です！　言葉が勢いよく、吐出するように言ってしまったのです。

言うと同時に、アッ！　これは神だ！　言わされた！　と、瞬間的に「ありゃ〜参った。神様、やってくれたわー。言わされたー。宮子さんには本の神様が憑いてたのかー」と気づきました。猫の神様も。エジプトでは猫は神様といいます。

そこには、宮子さん、絶対書くよ、と言う自分がいるのです。今までにも神から言わされたと感じることは多々ありましたが、この時ほど、口に出してすぐに「言わされている」と確信したことはありませんでした。

そして神懸りも熟してきているのか、もう言ったことは引けないと思い知り、宮子さんとの出会いは神の仕業なのだと思うのでした。

5　悪魔はいる

お母さんのところへ行くことも減りました。私が本を書くのに気づくまで足止めをされたのだろうか、というより、お母さんは神から最後の大きな重大なお役目をやらされた後からは徐々に、ほとんど霊能者としては活躍はしていないのです。

最後にお邪魔した時に、歯を食いしばり、涙目で、他の人たちには言わないだろうことを、胸の内だけで抑えて我慢しているのではないかと思う、泣き言のようなことを凄い勢いで私に言ったのです。

「由実！」と勢いよく叫ぶように、聞いてほしいという心境を抑えきれずに発した言葉のようでした。

「アンタたちはみんなみんなみ〜ん〜なだよ、なん、にも、知らない、からー、だけど」と力を込めて、みんなみんなみんなだよ、世の中の人間達はみんな何にも知らないから。これはお母さんのところへ来る人たちも含むのだろうと察しました。

みんな能天気にしてるけど！　平気で！　神様に何、に、も！　感謝してないけど、私たちにも感謝なんかしてはくれないないないけど、私たち（霊能者たち）が神と一緒にこの前どんなことしたか知らないから—！

悪魔と戦ったのよ—

誰も知らないから、みんな平気で感謝しないでいるけど、本当に全く知らないから！　知らないから平気でいるんだから—！

こんなに平和にしていられるのは、誰のおかげか知らないのだから—！

私たちと神が戦ったのだよ—


と、今までに見たこともない勢いで、怒りのような気迫で言ったのです。目には涙を溜めていました。

霊能者たちという時の〈たち〉という言葉には、除霊など悪魔払いをする時、かなりの相手の場合には霊能者1人の力では戦えないという意味を含んでいるのです。複数人の力ある霊能者が集まり、除霊というレベル以上のことをやるのです。

とは言いつつ、私はその現場には一度も立ち会ったことがありません。他の霊能者たちとお会いしたこともないのです。できることなら立ち会ってみたいのですが、日常的にはお母さんのところに常駐していないということもあり、また、私がいても何の役にも立ちませんし、それどころか一般人の私がいたとしたら、厄介で邪魔なのです。

悪魔系のものは私に危害を与えるだろうから、私が健全でいられる保証はありません。そのような現場に呼ばれることは一度もありませんでした。お母さんは下手をすると命さえ抜かれる可能性があると話していました。

ですが、話には聞いているので内容の想像はつくのです（あくまでも想像になりますが）。

悪魔レベルではなく悪魔系妖怪系霊の除霊の現場にならば、初めの頃に数回居合わせたことがあったので。

お母さんの言う悪魔との戦いはそれ以上のことだと思います。国を脅かすレベルの災いを招く魔界の悪魔です。お母さんの身体はクタクタになり、数日は体調不良にはなるくらいのことだったのだと想像できます。

日頃はポワーンとしたお母さんですが、悪魔系と戦う時は全くの別人のように変わるのを実際に見たことがあります。何処からそのパワーが生まれるのでしょうか？

お母さんの身体に神様が降りてきて豹変するのです。ビックリするくらいに力強く歯を食い縛り目は据わり、時には唇から血が流れ、グッグッと拳を握り締め、腰をしゃがめて両足をずらし、安定させるのです。これは自分の身体を自分で守るためです。

とにかく凄いとしか言いようのない迫力ある姿になるのです。

日頃は、ホワーンとしていて、歳を取ったらボケてしまうのではないかと心配に思えるくらいののんびりした人を、カッコイイと叱られるかもしれません。ですが、お母さんをはじめとした本格的な力のある霊能者たちが、3人4人くらいで固まり戦った姿は、気の強い私でも怖気づき腰を抜かすくらいの迫力の現場だったのだろうと、見ていなくても手に取るように分かるのです！

あの時のお母さんの興奮した話し方、悪魔系ではなく悪魔と断言したことから考えるに、かなりの神たちが霊能者たち霊媒師たちを使い、一緒に戦ったのです。

「みんな大変なことになるんだったんだから‼　本当に守ったんだよ、本当なんだからね！」と言ったのです。

どんなに命がけで頑張っても、世間の人間たちは知らぬこと、だからでしょうね。私にだけは、神を確信し、分かる私にだけには伝えて、言いたい気持ちをぶつけておきたかったのだと思うと、その現場を想像できる私は、一言も言葉が出ずに息を呑むだけでした。

軽々しくご苦労様なんて、私にはとてもじゃないけど言えませんでした。

その後、私が本を書くということが神から言われたことなのだと気づき、色々な霊能者たちのことを調べてみた、というよりも自然に入ってくる情報を整理してみようと思います。


その前に一言。

霊能者が本物か偽物かという表現を、私はしたくはありません。

神から直接の力を与えられている中の霊能者で、その中でも力のある霊能者だと思える数少ない方々。

神事には未熟な私ですが、私的にこの人は確かだと思える霊能者（シャーマン）が、ユーチューブでお母さんとほぼ同じ話を、怖がらせない喋り方で話しておられました。

不思議なのですが、私の働く会社の同じシフトに新しく入ってきた若い運転手が、その霊能者（シャーマン）の講演会に行きますと教えてくれたのです。そのことを伝えるべくして同じ会社に入ってきたのではないか、神様に引き合わされたように感じます。

営業所の社員数は軽く５００人以上いて、10年いてもシフトが違えば顔を見たことがない人も多くいます。そんななかで引き合わせられたのです。

講演会での、その霊能者の方の話も、お母さんと同じく悪魔と戦わされたのだという内容でした。かといって、お母さんと一緒に戦った仲間の霊能者ではないのでしょう。

1カ所だけでの出来事ではなく、日本中には、皆さまが知らぬ間に知らぬ場所で、神の指示の下で人間を守るために役目を果たしてくださってる人（霊能力者たち）がいることは、疑わずにいてもらえると幸いでございます。

信じられないことは仕方がないのです、ただし、何も知らずに分からずに否定するのは罪だなと、私は思うのです。

6　神を感じた時

1

若き20歳前後に占い師と出会ったという話はしましたが、何故か忘れてるのにこの時という場面でその時の記憶が甦ります。

若い頃にはよくある話ですが、失恋をしたときのことです。住んでいたアパートの向かいを流れる神田川上流、台風のために凄い勢いで流れる川へ身を投げようと決心した、その瞬間に、アッ！　アナタには普通ではないことが起こる、アナタにはかなり良いことがある、と言われたのを思い出し、それが本当なのかを確かめてからでも死ねる、今は我慢しようと思い止まったことがありました。

振り返れば、占いの予告がなかったら、自殺願望の高い私の性格を抑えることはできなかったのかもしれないと感じます。その時にいきなり思い出したのが不思議でした。

あの天神という街の名が天の神なのですから、今では何となく記憶に留めておけというメッセージだったのだろうと思えるようになりました。

2

今の時代なら考えられないのですが、若い頃に、タクシーをやる前の勤め先で、パワハラの暴力を受けました。

電車の中吊り広告に、〈被害にあったら警視庁に相談！　電話を〉と書かれたのが目に入り、すぐに電話をすると、3カ所の警察署を紹介されたのです（神の導きとはこういうシチュエーションを作るのだなと後になって感じました）。

相談をした警察官に「私の信頼できる部下が3人いる。今自分には受け持つ案件が多く、忙しくてアナタの納得できない対応になってしまうかもしれない。そういったことは避けたいので、シッカリと対応するためにもその3人を紹介したい。3カ所の内の何処かの警察署を選んでほしい」と言われ、その中から私は、私の勤務地と自宅から一番不便な遠い場所の警察署を、何故だか？　どうしてだか？　選んだのです。

ポロッと口から飛び出した警察署の名は、聞いたこともない初めて耳にする名の警察署でした。全く、名も知らぬ一番遠い警察署、何故会社も自宅にも真逆の遠い不便な警察署名を指定したのかは、自分自身が一番不思議でした。

警察署で説明して、帰りはパトカーで駅まで送ってくださり、丁寧な対応をしていただきました。会社の社長に、警察署から呼び出された後で私に何であの警察署にしたの？　と聞かれ、何となくですと答えると、ニンマリと笑い〈神様はいるねー〉と言いました。

「しかし神だねー、凄いことだね。あのね！　誰にも話していないことなんだけど、加害者の〇〇の父親は警察官で、定年で退官するまで長年勤めていた、その警察署なんだよ！　〇〇は怖がっているよ」

父親が警察官だったなんて人には話してないのに、何で由実さんが知ってるのだろうと、恐ろしくて震えてると言われたのです。私もこれは神様の導きかもしれないと、確かに感じました。

警察官の息子だとは恥ずかしくて人に言えない生き方をしていた人間なのだと、私にも分かりました。その後、会社の社長から弁護士を入れてもらい、その件は解決しました。

3

あまり曝け出す話でもないのですが、20代の頃、結婚前に妊娠をしました。

その時、夢で、ベッドの上でチューブを付けて寝たままの我が子の姿を見たのです。それは夢を見る前から強く感じてはいたのですが、その頃から急に神を強く感じるようになりました。

　何故か西の方角と感じ、ひたすら真剣に願いました。

　この世の中にもし神様がいらっしゃるのなら、本当に本当に神様がいるのなら、お願いがあります、重度の病を持ち一生遊ぶこともできない身体で人生を生きなければならぬ子だとしたら、私と一緒に死なせてくださいと。

　理不尽な話ですが、母として自分の経験した苦労なら一緒に頑張れても、健康に育った私には、重度の病を持つ我が子に耐えることはできずに、よからぬ行動を選ぶだろうと思ったのでした。当時はまだ神の存在を知らない身で、自分勝手で理不尽な願いですが、必死で願いました。

　その後私は、クリスマスの夜に大出血しました。おそらくバケツに溜めたら半分以上は確実にあっただろうほどの出血をしたのです。身体は冷たくなり、死ぬのだろうと感じながらも、寒さには耐えられずにお風呂に浸かり、身体を温めている自分がいました。身体が痛くも苦しくもなかったのが、不思議でなりませんでした。

　10枚ものバスタオルはずっしりと血に染まり、血が滴り、それでも足りずにタオルケットで血液を吸わせましたが、救急車は呼びませんでした。死を覚悟していたからです。いつの間にか寝てしまい、朝になって目が覚め、生きているのだと感じて、近くに住む友人に連絡して、女医さんの病院が良いと思うと言われ、一緒に病院へ行ったのです。

するとそのドクターが走ってきて、立っている私を見て目が点になり、緊急入院と言うのです。一度荷物を取りに帰ると言うと、「何言ってるの！　アナタは普通に生きていられる状態ではないのよ。荷物なんかそれどころではないの。本来立って喋れる状態ではないの。今の状態は奇跡なのよ」と言うのです。

どれだけの出血したのかと聞かれ、バケツ一杯近いかもしれないと言う私を、ただ唖然とした顔で見ていました。バケツ一杯ではないにしても、半分以上はあったのだろうかと思いますが、人間の身体は1リットルの出血でも死の危機に至るのだと後で知りました。その時は確実に1リットルどころではなかったのです。おそらく、軽く3リットルはあったのだろうと思います。

それが痛みも苦しみも無く平然としていて、普通の状態でした。後で交際していた彼に話したら、妊娠を知り、言うに言えなかったことがあると悩んでいたようでした。彼から、「若い頃に一度結婚して離婚したのだが、子供が心臓病になり、詳細を調べたら、自分が原因の遺伝だと分かった」と言われたのです。なので流産は自分が原因だと。

こんな話を書いてまで伝えたいのは、命とは科学だけでは説明証明できないことがあるということです。人の生死の不思議さ、神秘さを感じるのでした。

その時に占い師の言っていたことをまた考え、私は何か意味があって生かされているのかもしれないと感じ、その時に、神様がいるのなら、私に役目があり生かされているのなら、私はどんな役目からも逃げるようなことはしません、必ず受けますと、勝手なお願いをしてすみませんでしたと、心で誓ったのでした。

4

これは、神様の存在を知った、お母さん（霊能者）と出会ってからの話になります。

ある日タクシーの運転中に、実家の電話番号下4桁のナンバーが、1日に何台も何台も対向車や前を走る車に現れたのです。昼勤務の10時間の間にです。日を重ねるごとに1日に10台以上、15台となり、気になったので毎日確認していると、逆並びも含めると20台以上になる日もありました。生年月日はサッパリで、1日に1台も現れないのにです。付け待ちした前のタクシーまた同じナンバーとか、そんな状況が1週間連続で続いたので妙に気になり、異変を感じていました。渋滞の中で前にいるタクシーがやっぱり同じナンバーなので、左車線から前に進み、運転手の乗務員証を見てみました。

すると、田舎街の町名が自分と同じ苗字で、名が父の名と同じでした。要するに、仮に実家の市が山田市で父の名が太郎なら、乗務員証の名前が「山田太郎」だったということです。

なるほど、了解！　と心で感じ受け止めていると、数日後に実家から父危篤という連絡が来たのでした。

その頃には、神パワーを受け止める勘は冴えてきていて、やっぱりねぇと思いました。結果的には父は元気になりましたが、実家には私が機嫌を損ねて5年くらい帰省してなかったのです。

そしてこの話には、私の守護神が分かるという後日談が残っておりますので、後からの後日談の内容もお読みいただければと思います。

5

お母さん（霊能者）と出会い、関東以外の遠方に行けと神の指示があり、最初に行かされた神社は、関西の奈良県にある大神神社《おおみわじんじゃ》（三輪明神）と、九州大分県の宇佐八幡宮の2カ所の神の所でした。

三輪と宇佐、宇佐八幡宮へ、宇佐の神からのパワーをいただきに行ったのです。

私には、持病がありました。それは寒冷蕁麻疹《じんましん》で、19歳頃からお母さんと出会うまで、冬はもちろん、梅雨時夏のエアコンのある部屋にいるときにも出ていました。

一番初めに蕁麻疹が出たのは、ガイド時代、仕事で伊豆の神社へ寄り宿に着いてからのことです。人の姿とは思えぬような、ゴジラのような凸凹のある恐ろしい顔になり、身体中の皮膚も重度の蕁麻疹になりました。そのせいでガイドチェンジの予定が組まれ、代わりのガイドが予定されましたが、朝になると蕁麻疹は引いていました。

蕁麻疹が出るようになったのは、神社へ行った後からです。

エアコンなどにあたると、赤いポッポッとした蕁麻疹が顔にまで出る時もあり、16年間春と秋以外は痒さを我慢する日々が続いていました。

病院へ行くと、体質改善の注射を打ち続けることになるので、とても太る可能性があるといわれ、病院へは行かずに厚化粧で肌の変化を隠し、身体の方は、冬は着込んで夏は長袖のカーディガンを使用して過ごしていました。

その16年後にお母さん（霊能者）と宇佐八幡宮へ行き帰ってきてから一週間して気づきました。アレっ？　どうしたのだろうと思ったら、寒冷蕁麻疹が全く出ないようになっていたのでした。いつの間にか出なくなっていたのですが、16年間のそれは霊障だったということをお母さんから聞くことになります（霊障だと言える理由は違うページで詳しく説明いたします）。

原因不明の病気の8割以上は霊障だと思うと、お母さんは言います。

6

私の大好きな神社は奈良にある大神神社です。神様の指示で初めて奈良の三輪へ、地図で探して向かいました。ナビもなければスマホも携帯もない、30年前ですからね。

私の両親は最悪と言えるほど不仲でした。エピソードを書き綴ると大変な量になりますので略しますが。

三輪の参道に石がある小さな祠に夫婦円満の神様が祀られていて、神様を知った初めの頃にお母さん（霊能者）の身体を通して降りてこられました。話し方で女神様だと感じたのですが、由実は結婚はしませんと言われました。離婚後のことで、再婚はしないということです。何故ですかとは怖くて聞けなかったのを覚えています。

実家へ帰省の帰りに、私は珍しく、夫婦円満の神様に真剣にお願いごとをしていました。

心の奥底から、両親が亡くなる前に少しの間、少しで構いませんから、両親に仲の良い時間を過ごさせてはくださいませんか？　両親に決まった寿命があるのなら、その寿命を早めてくださっても恨みません。その分は神様が必要な人へ与えてくださっても恨みませんからと、涙が自然に出た状態で、願っていました。

その後、83歳で母が他界し、父も1年後に母と同じ歳で他界しました。勝手にお願いしておきながら忘れていたのですが、それから3年後に姉と電話で両親の思い出話をしていると、姉が「あの2人、あれだけの不仲だった2人が、母が病気になる3年前くらいから急に気持ち悪いくらい仲が良くなったのよ。信じられないくらいに仲が良過ぎるから、慣れてない初めのうちは気持ち悪くて、どうしてしまったのよと落ち着かなかった。どうしたのか不思議だった」と話してくれたのです。

逆算すると、私がお願いしてすぐ後の時期からでした、3年間も仲良く暮らす時間を与えてもらえたのだと私は知り、すぐに御礼参りに行き、深く感謝し涙しました。

お母さん（霊能者）の相談役の女性が私に、三輪の神様が1年に1度は来なさいと言っているよと伝えてくれたことがあります。

私は三輪の神様の大ファンなのです。

私の実母はかつて、祖母が戦死した息子に、生きてる頃に般若心経を唱えていると、もう毎日ブツブツとうるさい、線香の煙で仏壇がススだらけになるのにと小言を言っていましたが、「由実ちゃん。私ね、最近仏壇の中のお婆ちゃんに、般若心経を毎日唱えてるのよ」と言うのです。「お婆ちゃん、早くお父さんを連れて行ってくださいと毎日般若心経を唱えるの」と。

何でお姑に息子を迎えに来てと願うのよ、と笑ったのですが、母は真剣に言うのでした。でも最後は、自分が先に行き父を連れて行ったのです。

そんな2人が最後の3年間も気持ち悪いほど仲良く過ごせたのは、三輪の夫婦円満の神のパワーだと私は真剣に信じています。

お母さん（霊能者）が霊能者たちと三輪の神様を褒め称えていた時のこと、別の大きな有名な社の神が怒り、お前たちは三輪三輪と三輪のことを褒め称えるが、私もお前たちの守りであるぞ！　と怒られたと聞いたことがあります。神様も嫉妬することがあるようです。

7

神の存在を信じない国民の一位は中国であると、統計上では出ています。ただし神様は信じない人でも、人としての本性の善悪は様々です。逆に神を信じていようと必ずしも善人でなく、人としては情けないと感じる人もいます。

神を信じる人だから善人、神を信じない人だから悪人、というわけではないと申し上げておきたいです。それを言うなら私も必ずしも善人だとは言えないとなりますので。

前置きが長くなりました。私の会社には一時期、中国人の女性ドライバーがいました。

日本人ドライバー数人に、私的に休みを取り仕事を教えてあげたことがありました。

日本人の場合、休みという自分への時間を使って教えてもらうのだからと謝礼をくれる人は、誰一人としていませんでした。

ところが、中国人の女性は封筒にお金を入れて、私に渡そうとしたのです。私は初めてのことで感動しました。日本人のあまりの恥ずかしさに、頂くことは遠慮しましたが。

朝から夕方まで車に乗り、声がガラガラになるまで教えても、食事すらご馳走しないのが日本人でした。中国の女性は、昼と夕飯まで一緒にお礼にご馳走させてくださいと、感謝の気持ちを伝えようとしてくれたのです。

朝から夕方まで、首都高速を何周も隅から隅まで走り、横浜方向の首都高速も回り、一日中走り回り、土日の2日間は運転しっぱなしで頑張るのです。

そしてある日、おもしろいことが起こりました。

ある時ふと感じたので、中国の女性に「アナタね、（1週間以内と思ったけど、ハズしたくないので）1カ月以内に、必ず横浜に行くお客様が乗るよ！」と伝えたのです。

そして1週間後の日曜日の昼間に、横浜どころかその先の横須賀までと乗ってくれたお客様がいた、と報告されたのでした。彼女は昼勤務ですから、今時日曜日の昼時間に横須賀まで（運賃は約25000円）のお客様に乗ってもらえる確率はなかなか低いのです。滅多に出会える確率ではありません。

「ウワー凄いー、神様だねー」と私が笑ったら、「ウン。神様です」と喜んでいました。「でも、あなたは神様信じてないでしょ」と言うと「神様はいます」と答えるので、よくよく話を聞いてみると、御両親はお国柄数少ないクリスチャンだったのです。

それから新人には、ヤル気あるほかの新人とチームを組み、班長に聞いて優秀な運転手を紹介してもらい、タクシーメーターを入れて自分たちがお客様として（お金を支払って乗車し）色々教えてもらうと良いよ、と伝えています。4人で組み、割り勘にして、1人が1万支払っても2万支払っても元は取れるし、勉強になるから、と。身に付けるべき時期に、一番ヤル気がある初めのうちに頑張りなさいという話をしています。

日本人は人の親切が当たり前になり、低所得に慣れてしまったからなのか、人への感謝より金の亡者に変わってしまったのかとも思える昨今です。

8

よく名の知られている下町にある神社があります。

私がタクシー運転手になりたての時期、同期の運転手がその神社だけには行くなよ、と言うのです。理由は色々と聞いたのですが、私の悪趣味な性格から、悪いことを企んでしまいました。お母さんはどう行動するのだろうかと。

当時は「神懸り」の初めの頃でしたが、ようやく力がつき始めていました。同期の話が本当なら、お母さんが行くと言っても神が足止めをするだろうと思ったのです。

そして、行かない方が良いと奥底の魂が騒いでいる気もして少し心苦しかったのですが、私は、お母さんと神様がどうするのか知りたくて仕方なくなり、その神社へ一緒に行こうと誘いました。お母さんと神を試すという、大変恐れ多くも理不尽な行動を取ることにしたのです。

お母さんは、私のアパートに一泊し、朝起きたら、「由実！　龍神様があの神社には行ってはならぬと言ったよ」と答えました。

「ヒェー、神様がそう言ったかー！　私の企んでいたことは龍神様にはバレバレでお見通しなのだー、ごめんなさいー」と心の中で謝りました。

あまりにもよく知られている神社なので、お母さんが行きたいと言うことを想定していたのですが、私の心は、やっぱり人と神様を試すなどと考えるのは悪いことなのだ、という罪悪感でいっぱいになったのでした。

人を試すという悪趣味なことを企み、お母さんを誘ったということを今白状します。

それから20年後に、その下町の神社の宮司が大事件を起こしたことを知るのです。その神社は、有名な霊能者がパワースポットだと雑誌に紹介していたこともあったのです。有名霊能者よりも、お母さんを守り導く神の偉大さは確かなのだと分かりました。

話を教えてくれた同期は、私に話した後1年もしないうちに転職していました。運転手は私に話すことが縁で入社したのかな？　と感じます。

神社のお社が大きくて立派でも、必ずしも神が鎮座する神社だとは限らず、逆に小さな祠であっても、偉大な神が鎮座しているという場合もあるのです。

霊能者も有名だから力が強いとかではなく、有名でなくとも凄い霊能者はいるということをお伝えします。

今その神社にはもう当時の宮司はいません。

9

私は、天神の占い師に「アナタは結婚はしますが必ず別れます」と言われていました。「結婚相手の名前は日本にはよくある苗字、例えばアナタの名もそうだけど、小川とか林、山田とかそういう苗字です。真ん中から2つに別れる苗字です、よくある名前です」と。

その記憶はすっかり消えていて、パワハラ事件後に逃げるように友人に紹介された人と結婚しました。その方は、世間の離婚問題で話題になるような最悪な人ではなく、人に紹介して恥ずかしい人でもありません。私たちをよく知らない人からはお似合いの夫婦に見えていたようです。

ですが、離婚を考えていた時期に、ハッ！　と占い師の言葉が記憶から甦りました。夫婦とは、前世で敵同士だった者たちが引き合わされるのだ、ということをその時知ったのだったと。

神様に聞いたら、一緒になることも別れることも初めから決まっていたことだと言われました。

お母さんに聞くと、「離婚したから縁がなかったのではない、結婚するということは縁があったからで、縁がなかった男女は籍には入らずに内縁の夫婦として暮らすのだ」と言われたのです。


思えば、パワハラ事件が結婚の後押しとなり、その事件がなければ一生独身でも良い気がしていました。神が縁を引き合わすためにパワハラ事件を仕組んだのでしょうか？

確かにあの事件は普通ではない出来事でした。そして、神を感じる事件のひとつでした。

7　お母さんに聞いてみた

霊能者のお母さんに聞いてみたことがあります。先々で起こることを神から知らされるというが、どうして神様は時にひどいことを起こすのと。
するとお母さんは、長年の間、神が降り神に問うこともある中で感じていることを話してくれました（あくまでもお母さんの神と関わる中での推理）。
「なんかねー、神様の世界も政界のようにいくつかのグループに分かれているみたいなの。持ち回りの担当があるみたいな感じなのよねー（輪番制ということなのでしょうか）。その担当が代わる時期には天変地異のようなことが起こるのかな？と感じるのよ」

要は政界の政党の仕組みのような感じです。神々もいくつかの政党のように分かれていて、数百年かそれ以上かの期間を任され、役目を受ける神のグループがあるのかもしれません。そのような気がするのよねと話してくれたことがあります。

よくお母さんは相反する神という言葉を使うことがあります。独裁国家のような国でも束ねる神がいるという理屈なのでしょうか。

横暴な神が束ねている国もあれば、神ではなく悪魔に束ねられ、悪魔が国を動かしていると思える国々もある、そんな感じでしょうか。

少なくとも、日本を管理し束ねている神のグループが安心できる神であることは間違いない、ということは、誰しもが感じているでしょう。

その中で、日本を束ねる神のグループの担当が代わる時に地震災害を起こすような気がするのかなと、何かそんな感じがしてならないとお母さんは言うのでした。

「由実！」と話は変わり、

「アナタ人の好き嫌いが激しいけど、人を攻撃したらダメよ！　きついことを言うことがあるでしょ」と叱られました。素直に正直に本心をそのまま言うと、人を傷つけてしまうようです。

「人間がやるんじゃないからね。攻撃した傷つけられた人間がやるんじゃないのよ！　その人間に憑いている守護神がやるのよ。嫌な奴でも悪い奴でも、外見では分からない、弱い人、何ともない変な人にでも、守りの強い神が憑いていれば攻撃されてしまうから、意外な人に凄い守護神が憑いていたりするのだから、人間がやるのじゃなく神がやるのだから恐いのよ。神の逆鱗に触れたら恐いのよ」

と言われました。

その恐さを由実は知らないんだから、絶対に人には優しくね！　と。

詳細は書けませんが、確かにそう思えることがあります。

以前、会社のトップから任された仕事で、神にやらされていると感じる仕事がありました。その時、周囲からの妬みや嫉妬から仕事の邪魔をされましたが、私にはできないような神ワザと言える成果が出せた後、不思議なことに邪魔した者たちは悉《ことごと》く去ったということがあるのです。

自分のためではなく人のためでしたから、嫌でも頑張りました。

なので、お母さんの言うことの意味は深く理解できます。だろうなぁと思い、嫌な人に攻撃することは控えております。

この文面でピーンと何か感じてくださる方へお伝えしたい話ですが、お母さんのところへ集まる方々にはみんな凄い守護神が憑いているらしいのです。私は細かく記憶していないのですが、○○の神、○○神、○○観音、○○権現等、色々な名を聞きました。

出会った頃からお母さんは、由実の守護神を降ろそうと何回も神降しをやりました。お母さん自身も興味深いことのようで、必死に降ろそうと努力をしてくれたのですが、守護神は降りずに、他界した私の祖母が降りてきて話したり、私の水子が降りてきたりしました。私にはそれでも充分でした。

流石に8年以上過ぎると「由実は珍しく守護神がいない、憑いていない」と断言しました。珍しいと言うのです。これだけやっても守護神が降りないのだから、珍しい人だと言うのです。


人によっては一柱の守護神ではなく複数の守護神が憑いている人もいるらしいのですが、私の場合、長年頑張っても頑張っても降りないので、「由実は守護神がいない」と言い切ります。

私は人に媚びない性格ですが、神の存在を知っても、神棚を置けと言われた後も、忙しさを言い訳に神棚に水とか塩とかお榊とかを忠実に捧げることもなく、神様にも媚びていないのが、前々から良くないだろうと感じておりました。

だからかな？　守護神も媚びない人間には憑かないのだろうかと受け止めていたのですが、それは、神を感じた時の章に書いた後日談に繋がります。

先に述べましたが、毎日20台前後も、行き違う車のナンバーが実家の電話番号の下4桁のナンバーが出てくるという不思議なことに気づいた直後、父危篤の連絡を受けて帰省しました。

お母さん（霊能者）へ連絡したら、「待って」と、「氷川神社の龍神から、由実の田舎の家の近くに湧水がある、その湧水を飲ませろと言っている」と言われたのです。

私が「家の周りには湧水なんてない」と言うと、「ある！　必ずあるから聞いてみなさい」と言うので姉に聞いたら、「2つあるよ。1つは汚いけど」と答えたのです。

瞬間的に「バカ！」と怒鳴ってしまい、「綺麗な湧水は何処よ」と聞いて湧水を汲みに行きました。父は私が着いた時にはすでに状態は良くなっていましたが、私は儀式だと思い、取ってきた湧水を飲ませました。

その後数日滞在して、帰りに奈良の大神神社、三輪明神へ寄って東京へ戻り、埼玉に住むお母さんの住まいへお礼かたがた報告をするため顔を出しに行きました。

お母さんの身体が徐々に変化してきて、神の降りる前兆があり、場が厳かな雰囲気になる中、神が降りてきたので、私が「どなたでしょうか」と聞くと、お母さんの身体に憑依した神がゆっくりと手を差し出し、「其方の魂をこの世に降ろした神『龍王の神』」と言ったのでした。それから「やっとやっと此処へ来ることができた」とも。

龍王というのは田舎にある「龍王山」という山の名前です。

氷川神社の龍神が飲めと指示した湧水は、龍王山からの湧水のことでした。

私は多少偏屈者のため、長い間実家へは帰省していないこともあり、湧水の湧いている場所すら知らなかったのです。

その神は、わだつみの神々の仲間としての挨拶ができたからか、お母さんの霊能者としての力に加担する神になったようです。

お母さんから龍王山の龍神が抜けた後、ハッァーと大きな溜息をついて、「降りないはずだわー、簡単には降りてはこないわよ。まさか龍神だったとは」とビックリしていたのです。


私はお母さんの東北の実家に行ったことがあります。

また、私がお母さんと出会った頃、お母さんが大分県の宇佐市にある八幡総本宮宇佐神宮に行く途中、私の実家へ来たこともあります。お母さんが神がかりをすることになって間もない頃です。私が「あの山が龍王山！　あの山の龍神もわだつみの宮に関係あるかもねー」と、いきなり口からポロリと発していました。

お母さんはおそらく、その時は何とも感じていなくて、私に悪いから付き合いで「そうね」と軽くうなずいていたのでしょう。

お母さんは神が憑依して特異なことを知り、それを周りに伝えるのですが、私は神を全く感じてもいないのに、特異なことがいきなり口からいきなり飛び出し、話します。

内心、占い師の修行をしていたら良かったのかな、とも思うことがあります。

8　神様の不思議

1

お母さん（霊能者）の住まいは公務員住宅の団地でしたが、旦那さんの定年年齢が早く、引っ越しを考える時期が来ました。

神様大好きなお母さんのことだから、当然関東一宮氷川神社のすぐ近くに住まいを選ぶのだろうと思っていたので、何故そこではない現在の場所にしたのか聞いたのです。すると意外な答えが返ってきました。

初めは氷川神社に行くのに便利なように、毎日でも歩いて行けるすぐ近くを探していて、いくつかの候補を示して神に相談したら、「神の領域に入るではない」と言われたのだそうです。

領域といっても、一日中暮らす住まいを置くという領域です。神の領域に？　なんでそんなことを言われるのでしょう？　お母さんほどの霊能者がそう言われたというのが不思議でなりませんでした。

お母さんは、神の化身と成り代わり、神の言葉を人へ伝えることをして、また、命さえも惜しまずに悪魔との戦いにも関わるような、神の信頼なる部下、最高のスタッフのはずなのに、ずいぶんなことだなぁと感じました。

近くに住まわせない代わりなのか？

神の導きなのだと思うのですが、すぐ近くではありませんが、バス1本で行ける以前の住まいよりは便利な場所に、信じられないような値段の戸建を購入することができたのでした。

神の領域に人間を住まわすこと、神社の関係者とかお店関連者たち以外の人間が住むことを、神は好まないのかもしれません。

よく親子の住まいでも「スープの冷めない距離が良い」と言いますが、それと同じ感覚なのでしょうか？　私の中での神の七不思議です。

2

海の宮（わだつみの宮）へ遊びがてら頻繁にお母さんのところへ来ていた高齢の女性がいました。私が行った時はお婆さんがいらっしゃらない日でしたが、その日、お母さんの身体へ段々と神が降りてくる気配を感じてきたのです。

私も、神事に徐々に慣れて来ていましたから、雰囲気で感じ取れます。

来た！　来た！　来た！　とワクワクしてくるのです。

行く度に神が降りるわけではないので、お母さんのところへ行く一番の楽しみは、神が降りてきた時に何を話すかという場面に立ち会えるから、というのが本音です。

私の一番のウキウキワクワクで、アドレナリンなのかドーパミンなのか分かりませんが興奮ホルモンが高まり、〝待ってましたタイム〟の始まりです。

この時だけが人生の楽しみといえるような、最高な時間です。

今日は何が聞けるんだろう？　なんだろうかと。

あるとき、予想もしていなかったことですが、神があのお婆さんのことを話し出し、神の金でお婆さんの歯を治療させよ！　と言ったことがあります。

エッ？　と思うと、神の言葉を話し終えたお母さんの身体から神が抜け、ガックリしたお母さんの顔を見て、私は笑い転げたくなったことがありました。

ハァーとため息を吐き、お母さんがしょぼんとしていました。

私は、神様ってこんなことも言うんだ？　と思いました。

神の金というのは、お母さんのところに相談、治療、除霊等の後に、謝礼として気持ちを置いていった方々のお金のことです。神の指示による神事で遠方の神社へ行く時に、神社への奉納、交通費、宿泊費などに使わせてもらうお金なのです。

おそらくそのお金が貯まって、行かねばならぬ神社仏閣へ行く予定があったのでしょう。

歯の治療に使えと神から言われたことが、お母さんからため息が出る原因でした。私的なことに使えるお金ではないのです。ですが、神にとって〈歯〉はかなり重要なようで、神の金で治療させよと言うのでした。

神様は、歯についてはよく注意します。

「歯は大切にしましょうー」

でも神様は、何故あのお婆さんだけには「神のお金で」と言ったのでしょう。私だって助けてほしかった時もあったけど黙っていたのに……と思い出します。

3

私は神の存在を確信していますが、ひとつ不思議に思っていることがあります。

仕事中に深夜のラジオを聴いていたら、北朝鮮に拉致された横田めぐみさんのお母さんが「めぐみちゃん」とめぐみさんに語りかける音声が流れてきました。この話題は、聞くたびに胸が痛みます。

お母様の長い間の苦労は、どれだけ重く耐え難き苦しみなのだろうか、と思えてなりません。

彼女が公の場でのお話の中で、神様は必ず何かの理由がありこのようなことにめぐみちゃんを……と語る言葉を聞く度に、この方ほど神様を崇拝し、神界のことを深くよく理解している人も、そう滅多にはいないだろうに、本当に神様を深く理解していらっしゃるのに、何故神様は、拉致された人を帰れるように力を貸してくださらないのだろうか、と思うのです。


神なんかいるわけないと神を否定し、侮辱罵倒してもおかしくないはずの方が、声を大にして、「必ず神様は何かの理由があるはずです。だから私の娘を」と、一度も神への恨み言を言わずに、神様の存在をシッカリと人へ伝えています。神様を心から悪くは言わないのです。

娘の拉致という試練に、気丈に耐え続ける方を、何故早く安心させてくれないのかと、悔しくてなりません。

そう、私の神様に対する一番の不思議は、拉致事件です。

きっとかなりの理由なのだろうと思うのですが、今の私の一番の願いは、早く拉致被害者を帰してくださいということです。この事の解決無しで、私が神様の存在を伝えても良いのかと、不思議な事なのです。

神様へ祈ります。

4

神様は、お母さんのところへ来る方々が、霊能者のお母さんのことを宣伝しましょうと言っても、宣伝しなくても縁ある者たちは来る、宣伝はしなくて良いと答えました。

ですが、私に降りてきた神が「多くの者たちへ神の存在を伝えよ、それが其方のやること」と話されたのは何故なのだろうかと、ずっと不思議でした。

そして、振り返ると、伝える方法に気づくまでにも長い時間がかかりましたが、果たして私なんかが伝えて、伝えきれるのだろうかと、これまた不思議でなりません。

本当に不思議なことです。

5

阪神・淡路大震災後に神様は、ありとあらゆる場所で震災は起こると話しました。

その後の東日本大震災とコロナも伝え聞いていました。

伝えた後で、それは全て「神が起こすこと」といったのです。

多くの方々が被害を受けたことですから、私がこのことを書いて良いものか書いてはならぬものか、苦難苦闘の中で悶え苦しみ悩みました。


お母さん（霊能者）の相談役の女性に久しぶりに話をしました。

ようやく気づいたことを相談役の女性も心良く思ってくださってるようで、そのまま書いていいのよ、と答えてもらえ、書く気になりました。ですが、何故神様は災害などを起こすのか、不思議で不思議でならないのです。

人間の魂は輪廻転生し、魂は繰り返し生きているうちに人間の身体の中で磨かれるとは聞いています。そしてその都度、魂は数々の試練を体験して磨かれ輝かしく育ち、次へと繰り返し、新しく生まれた物体の身体の中で育つのだという話を私は否定しません。

しかし、神様が全て起こすのだと聞いたということを、そのまま書いて伝えても良いのでしょうか。神様が嫌われたりはしないのでしょうか。

神様！　不思議でなりません。

9　動かすのは人ではない

いいか！
人が神を動かすのではない！
神が人を動かすのだ！
勘違いをしてはならぬ！

この者（霊能者）がやるのではない！
この者の身体を使い神がやること
勘違いをしてはならぬぞ

自分のことは考えるな
自分の幸せは願うな
他の者の幸せを願え

神が降り、とにかく「勘違いをしてはならぬ」という言葉が頻繁に出てきます。

この言葉が発せられたタイミングを整理して深く考えてみると、私とお母さんに言ってはいましたが、多くの者たちへ伝えるべき言葉なのだろうと思えてならないのです。

人間世界の中で、大半の人たちが神の存在を信じているとは思えません。どういう理由なのかは分からないのですが、たまたま霊媒体質者という人と出会って、神の存在を確信できた人がいたとしても、知らない、分からない人がほとんどなのが普通です。

その中でも、例外的に神の存在を知ったお母さんと私にも、自分達は特別だと思うな！　勘違いはするなよと、シッカリと前置きをしているのだと思えます。

自分が特別だと勘違いしないように、神の存在を伝えることがお前のやるべきことと言っているのだと、そう伝えてるのだろうと考えております。

それでも祖父母世代、それ以前の先祖からの時代に生きる人間たちの神仏信仰心は深く、親から子へ根付いて引継がれて行く時代もあったと思います。しかし現在、損得勘定が優先される時代の神様には、宝くじが当たりますように、パチンコで玉がたくさん出ますようになど、遠慮なく願える者もかなりの数はいるのではないでしょうか？

相談役の女性が「お母さんでも宝くじ当たるかもよ」と言い、「全くー、何言ってんだか、当たるわけないでしょー」と、小言を言われる笑える話があるのですから、見えもしない神仏の存在を全く無視して生きている人間は多く、子供たちへ伝えることなどはできなくなったのではないのかと言えます。

だから何よ！　と言われたら、ただそれだけなのですが。

一つの例をあげましょう。

可愛がっている子供がいたとします。

親が良かれと思い、子供に物を与え、お金も環境も楽に過ごせる人脈さえも（塾、職場）与えていると、子供は、もらうこと、頂き過ぎる楽な状況に慣れ、感謝することもなくなり、それが当たり前となる。その成果を自分の物と思い、自分の力だとさえ「勘違い」して生きてしまうのだろうと。このように思ってしまう人間たちが山ほど増えている時代に感じてならないのです。

与えられ過ぎた者は、当たり前の中で感謝もなく、あまりに人として堕落してしまう。そんな我が子の本性、傲慢さや、過信、あざとさ、高飛車さに親が反省し、引いてしまい、与えることをしなくなれば、人よりも我が身を優先し、そのためならばモラルも法でさえも自分流に勘違いして生きていく者が、現れるでしょう。全てに遠慮なく生きる自分を一番に感じ、優先するのです。

親である「与え過ぎた者」が、可愛さから我が子を堕落させてしまったと嘆き反省してもすでに遅いとなったとき、関わりを断ち放置することによって、子に苦労を知らしめようとなる、それと同じではないかと思うのです。

もしかしたら現代社会は、神が放置している状態ではないかと、そのようにも見えてきます。

神が人の魂を育てるには、あまりにも神の存在が伝わらない時代になり、役目を果たさせる予定が狂い出した時代。

神が人を動かすのは、それぞれの人間が、与えられた役目を果たすことによります。本人がそれに気づき受け止めるための勘を持つこと、ほんの少し意識を高められるようにと、お母さんの身体を使って、私に放った言葉なのではと思うのです。

お母さんは

「私はね、天下一品の霊能者ではないけど」と謙虚に言いますが、続けて、

「でも、ここに降りてくる神は、半端じゃないよ。本当に天下一品！　だからね」

と力を込めて言います。

「半端ない凄い神だよ」と。

それは私もシッカリと知ることなのです。霊能者はそれぞれが自分へ降りてくる神を一番に崇拝します。当然ですが、勝ち負けなどは抜きにして、わだつみの社に降りてくる神々は天下一品なのだと、お伝えしたいのです。

10　お客様は神様でしたー

本を書く！　絶対に本書くよ！　と、宮子さんが亡くなる少し前に言ってしまいました。

私からポロッと口走ってしまった瞬間、このように何も考えることなくポロッと特異なことを言ってしまうのは神懸り的な理由なのだと薄々感じていたことから、あ～これか～、起こった～、分かった～、これなのだ～。これに違いない！　間違いない！　何かが起こる、必ず起こるとお母さんの相談役から言われていたのはこれなのだ！　と、上下に住んでいるというだけの関係だったマンションの住人の最期を看取ることの「縁」はこれだったのだ、と心の中で叫んでいました。

今時、都会の集合住宅の隣に住む者同士でも、お互いを何も知らないまま話をすることもなく引っ越すことなどは普通にあるのに、上に住む住人と関わるなどとは普通はないだろうに、やっぱり！　そうか～この人には本の出版の神様が憑いていてくださったのだと感じました。そして私とお母さんの知る、わだつみの宮に属する神様が、本の神様が憑いている人だから縁の導きなのだろうと、これは私だけが信じていることです。

それを言うならば建築の神様も関わってくださっていたのでしょう。

宮子さんは生涯日本でも指折りの印刷会社で働き、そして私はガイドを辞めてから不動産と建築資材の会社にも勤めていました。

お母さんの説教役の女性は、猿田彦神社が大好き！　そして宅建（宅地建物取引士）の試験を、超短期間の勉強で受かったのです。

あの時は「宅建受けたら？」と私がポロッと言うと、全く知らない世界の試験を1カ月ほどの勉強で1発合格したのです。理由は簡単！　由実さんが受けろと言ったからというだけの簡単な理由でした。神様という理由でこじつけたのではありますが、建築の神様は猿田彦神社なのです。

このマンションへ越して来なければ、宮子さんと出会い本を書くことなどは思い浮かばなかったはず！　私への神の指示に気づく縁はなかったはずです。

建築の住まいの神様と本の神様と複数の神々が取り巻き、私へ気づかせてくれたのでしょうか。

主の神は言いました。私だけの力でやるのではない！　多くの神々の力でやるのだ、と。そして金の心配はするなと。それは高額な出版費用のことです。自分のことは考えるな、人の幸せを願えよと。

多くの者は、自己満足のために出版をするのでしょう。自分のための出版は絶対にやりたくないという私が、何故大金を叩いてまでやることにしたのか。

複数の人に聞きましたが、人のための出版なんて、ただ「やらない」だけではなく「〝絶対〟やらない』と言っていました。そのお金があれば自分のために新車を買うよ、などと笑われます。


けれども、長年の間に私はシッカリと身に染みて知ってしまったから。

何度命を守ってくれたか、何度プライドを守ってもらえたか、幾たびも神からの御加護を受けたこと、理不尽な願いを叶えてくださったことも。

私は、一度の恩義を返すことなく寿命を全うする、恩義を返さずに逝くわけにはいかないと思いました。だから、恥を覚悟して本を書き、神の存在を確信したことを書く！　と決めたのです。

今時自己満足で本の出版にお金を費やす者はいても、恥をかくために、つまり「多くの者へ神の存在を伝えよ！」と言われたことを真に受けて書く者は私のほかにいないでしょう。でも、そんな者が1人くらいいても、それもおもしろいと思っていただけたら、幸せを感じます。

素人が本を書き出版するには出版費用がかかります。元が取れる時代ではありません。私も老後資金を意識する歳になってきていますが、自分のことを考えれば何も得にはならず、むしろ反逆されてしまいそうなことです。

【神のヒント】

人の幸せを願えとは？　それは宮子さんの命が消えゆく残り少ない時間、最後の時間、ただそれだけの幸せだけを私は一心に願ったと言えます。

無の境地というのはこのような心境だと、初めて知りました。

神の言う〈人の幸せ〉！

宮子さんの最後の時間の幸せを願うというシチュエーションに追い詰められなければ、おそらくそんな気持ちにもなれませんでした。「其方のやるべきこと」の意味が分からずに、私は一生を終えたのだろうと思います。

天神という名の街の占い師が言ったことの中に、〈普通ではないかなりのこと、相当なことだよ、何だろう〜、かなりの役目、大きな何か〉とありました。

また、神が行動を起こす時には必ず邪魔が入ると聞いています。

霊能者でもない私が、「神様から言われた！」となれば、かなりの妄想癖のあるオバサンだろうと言われるに違いありません。

あ～、と悩ましい気持ちの中で仕事中タクシーにお客様が乗車され、行き先は埼玉県の大宮、喜ばしい神懸りの拠点地、私の嫁時代の嫁ぎ先近くの場所。そこまで乗り合わせたお客様が降り、その後なぜか高速入口を迂回走行し、何かに呼ばれたような気持ちがしてお母さんの自宅前に行きましたが、まさか深夜の2時過ぎにピンポンとベルを鳴らすことはできませんでした。

でも、神様に呼ばれたような気分でしたのでタクシーから降りて、パンパンと家の向かいで手を大きくたたき、〈あの～神様のこと、書いてもよろしいのですよね？　神の存在を伝えるには書いて良いということですよね？　書きますから！　大丈夫ですよね？〉と心の中で唱えました。そして、今度は高速入口へ、またまた何故か氷川神社側へ迂回しました。

そのとき、私のタクシーに乗りたげな人が横断歩道を渡って車の前に来ました。周りには地元のタクシーが列になり並んでいます。

「すみません、東京へ行くお方しかお乗せできません」（営業区域法）と言うと、東京、新宿までと言われてしまいます。

「それならば、どうぞお乗りください」と答えます。

私のタクシー会社の指定チケットを持っているのであれば待つ場合もありますが、そのお客様は違うようだし、無線で呼ばれたわけでもなく、繁忙期でもない暇な日曜日、ピークの時間帯は過ぎて地元タクシーが山ほどいた中で、私のタクシーを狙ったように乗って来られたのです。

駅構内とかなら、東京の人が東京のタクシーに乗ろうと思うこともあるでしょうが、何故？　此処から？　バブル時代でもないのに、と思いました。

神様は、〈本を書いていい！　そのための時間だ、書くのだ！〉と、即答でメッセージをくれたのだと感じました。

行きも実車、帰りは普通なら空車なのが、神様は私の確認したことにお土産付きで営業区域へと答えてくれたのでした。お客様は神様でした。ありがとうございます。

これが！　神からのメッセージ！　答え。

お前が気づいたことは間違いではない、というメッセージです。

11　金が天から降ってきた

私の実母が、「由実は『金は天から降ってくる』ものだと思ってるでしょう」とよく言っていました。お金が入ってきたら入ってきただけ使い果たし貯金をしないということを怒られたのです。

贅沢を好み、ブランド物を買いあさり散財するとかはありませんが、歳を重ねると、母の言葉は私の守護神が母に言わせたのかな？　確かにそうかもと思えてきました。

母は、あの子の経済力は心配要らない、ほっといても自分1人くらい生きていける分くらいは自分でシッカリと稼げる人だから、とも言っていたそうです。ただし歳を取って実家に帰ってきたとしても、住まいを気持ち良く提供するようにとほかの家族たちに言っていたようです。

おかげで両親他界後の相続では、姉たちが、私は何も要らないのだろうと勘違いしていたために、私は嫌な思いをしました。

若い頃から、収入面では女性の平均収入の数倍は稼げてはいたのだろうと思います。

東京で住宅費を支払いながら自由気ままな一人暮らしを続けるために、本業と副業を合わせ二足の草鞋で頑張るとか、人一倍の体力を使って、残業と営業をしたのであって、気楽に収入を得ていたのではありません。

ダブルワークをしてでも、お金に負けない生き方を望むだけです。お金の扱い方で人間の本質（本性）が見えてくるような気がするからです。


そして魂の奥底で、お前の役目やるべきことがあると囁《ささや》かれ、気づかずに落ち着かない、モヤモヤとする若い頃があったのかもと、今は思うことができます。

ガイド時代数人のガイドに、ガイド不足のため品川の会社から埼玉の営業所に行ってくれないかと頼まれ、埼玉で暮らす時期がありました。

まだ20歳を過ぎたばかりの頃、心の奥底でも全く神様を感じることなく暮らしていた頃に、大宮の氷川神社へ行こうと思い立ったことがあったのですが、その時は行かずに終わりました。

その後に、若い頃から氷川神社にすぐ行ける距離で働いていたというのは、神懸りの最初に関わる神社の神様として、何か意味がある神の囁きだったのかとも感じるのです。

何かしらこのように感じることは、悪くないと思うことは、行動するのが神の導きなのだと最近は特に思えます。

話しがズレてしまったので元に修正いたします。

看護師さんは収入が良いと世間ではよく聞くのですが、人が寝ている間に神経を擦り減らし、責任を持って仕事をする夜勤の過酷な労働への対価としての手当が、プラスされての収入なのだろうと思うのです。もっと多くても良いのではとさえ思えます。

世の中には、頑張った理由を知ろうとはせず収入だけを羨む人が少なくないようです。

タクシードライバーになり、仕事がおもしろくて週1日しか休まず頑張って働いていました。

離婚後に始めた仕事なのですが、離婚の悲しさを打ち消すために運転し、運転していれば仕事に集中できて無駄な悩みもなくなりました。

人間の脳とは、好きなことをやってると疲れを揉み消す働きがあるようなのです。

2年間正月も休まず働き続け、おそらく身体はクタクタだったのでしょうが、仕事をしている時が楽しく、疲れは感じていなかったのです。

職業ドライバーとして、昼間だけでも渋滞の中を毎日200キロ以上は軽く走り回っていました。300キロ近い時も普通にありました。

会社へ帰庫する時に海の絵が描いてあるトラックが前を走り、なんとなく心の中で〈アッ神様～〉と叫んでいました（海と書いてわだつみと読むからです）。

その日は、たまには運動しなさいと周りに言われて、独身なのにママさんバレーのグループに参加させていただくことになり、初日に学生時代のペースでやったら、ボンと音がしてアキレス腱断裂！

全く痛みはありませんでした。手術後の痛みもなく、その後、医師からは一人暮らしの私にリハビリ入院ができる病院への紹介状を書いていただけることとなり、3カ月間のリハビリ入院ができました。

入院先は伊豆湯河原にあるリハビリでは当時有名な病院でした。

実母からは遺言のように、「由実は金は天から降ってくると思い稼いだお金は誰にでも気前よくばら撒き、人に気安く使ってしまうでしょう。貯金はできないのだから、保険だけはシッカリ入っておきなさい。親が生きている間はどんなことがあっても、借金してでも守ってやる。病気して保険が入るからお金を貸してちょうだいと言えば貸してくれるかもしれないが、姉だっていざとなってお金がなければ冷たいのが普通よ。何にも蓄えのない者にいい顔はしてくれないからね。それが世の中の現実」と言われていたのです。

それに、天神の占い師から、アナタは45歳過ぎに大きな病をすると言われてもいました（46歳で胆石になりました）。他にも言われていることがあり、おそらく占いでは内臓を取ると出たのだろうと推理しています。ですから、シッカリと40歳前からは保険をかけていたのです。

不思議と、母と占い師の言葉を素直に聞いて、保険を数本かけていたので、リハビリ入院で3カ月間の保険と傷病手当が入り、お給料以上の収入をいただけて、安心の中で治療と療養に励むこととなります。

2年間の疲労困憊だっただろう身体は、シッカリと休ませることができました。


その頃は深くは考えずに過ごしていましたが、神が降りてきてから、金は神が回す、神が守るという言葉を聞くことが何度もあると、働き過ぎた身体は定期的に入院させ、守ってもらえているのだろうかと思うのでした。東京で、リハビリ入院3カ月なんてできる病院はなかなかありませんから！

本当なら、住まいの3階まで階段を松葉杖で上り下りし、食事のことや病院までタクシーでリハビリ通院をするなどが必要で、お一人様には大変な自宅療養になるところが、リハビリ入院は楽々で、温泉に毎日入り治療に専念することができました。病院なのに温泉付きの大浴場だったのでした。

あの時期にアキレス腱を断裂せず、そのまま運転手を続けていたら、体力的に魔を引き寄せて仕事の大失敗をしてもおかしくなかったのでは、と思いました。

そして、もしかしたらアキレス腱断裂の時にたくさんお金が入ったのは、お母さんと一緒に遠方の神社へ行く時に使った費用を相殺するための神ワザのような気がしてならないです。

経済的なこと、入院することによる疲労の回復、栄養バランスのよい病院の食事など、全てを総合して守っていただき、ありがとうございます。

この時に紹介された病院は、都会で一人暮らしの方が骨折などで入院できずに暗い気持ちで自宅療養しなければならない時に長期入院できる病院だと、アキレス腱が断裂する1年前にテレビで紹介されたのを見たのを、入院してから思い出しました。

気兼ねなく療養し身体を大切にしろ、これからは休みも取るのだぞ、と神様から言われている気がしました。

その後、耳鼻科系の手術をした時にも無事に助かりました。

ドクターの注射ミスで、目の前が真っ白になり、小さな点がほんの僅か針の穴程度にしか見えない状態になり、瞳孔が閉じそうな感じの中で血圧が60にまで下がるというアクシデントがありました。でも、流産の時のように身体には何の支障もなく、ケロっとしていたのです。後から他の病院勤務の知り合い医療関係者にそのことを話すと「血圧60で何ともなかったの？」と不思議がられました。「何でミスしたことを怒らないの？」と別の医師からも言われました。

この時は、流産の時の奇跡的状態に比べたら、大した出来事ではないと思ったのです。

そういった体験をすると、つくづく人の寿命は決まっているのだろうとさえ、思えてなりません。

またまた、これぞ私の一大事、ということが起こります。

やっぱり！　天神の街の占い師は凄い。私の最期を当てたのかと感じることでした。

度々出る天神という名の街の占い師さんと色々お話をした後、最後に言われたのは、「アナタは長寿ではないので気をつけてください。〝内臓〟と出ていますから」。

あまり占いに深く興味を持たぬ私へ、自分の占い師としての自信を伝えたいのか、寿命を言い切るのです。

「私には、アナタが何歳で亡くなるかも分かります。ですがこの仕事には、言ってはならないこともあるのです。それが『何歳で亡くなるか』ということなのです。

それだけは許されないのです。何月何日まで深く見れば分かりますが、長寿ではないので気をつけてください。内臓です」と。

その占い師の話は、私が神懸りを知ることになってから忘れた日はなく、たまに彼女と話した時の一部始終を思い出してもいました。

お母さんにも相談役の女性にも話していることですが、神から伝えられたやるべきことが、宗像宮子さんの最期を看取り本を書くことだと知ったが、もしかしたら私は本を書き終えたら死ぬような気がする、と告げたのです。

本を書き終えたら死ぬのかもという言葉は、何となくポロリと出た言葉のようにも、似たような感覚で話したようにも、感じていました。人間とはやるべきことが済むと次の世界へ行くのだろうとも感じていましたが、宮子さんの最期を看取り、本を書き出すと、みぞおちの部分が痛くてたまりません。その前にも痛い時期があり、普通なら病院へ行くのでしょうが、宮子さんの終末期は痛みが全くなかったし、大したことではないのだろうと思いたくて、もしかしたら癌かな？　とも思う中でも、病院嫌いな私は、辛くてどうしようもなくなるまで行かなかったのです。信じたくないのです。

でも、とても耐えられない状態になり、ようやく病院に行くと、胃癌との診断が出されたのです。

やっぱり！　占い師の話を考え、役目を終えたら行くのか！　と覚悟しました。亡くなる病の中でも、脳の病ならば執筆すらできなくなる。だから内臓なのか。神も考えたなぁー。

私の最後は胃癌（内臓）だと、占い師は見事に当てたなあ。すぐには進行しないだろうが、スキルス性の胃癌なら後何カ月もつだろうか？　その期間だけが気になるところでした。

検査をすると、一般病院は検査に時間ばかりかけるのです。1カ月以上、それから手術だと2カ月は軽く待たせられます。

ドクター個人に問題はないが、病院が金儲け主義で人件費を削っている関係だろうと、直感的に感じました。

検査は迅速にはやってはくれないだろうと思いましたが、お母さんに治療してもらうにしても、霊障ではない癌は意味がありません。

寿命は決まっているのだと、勝手に決めてしまっていました。

スキルス性であれば、痛みの期間が長過ぎます。2年近く前からだから、スキルス性ではないはずと、自己診断で、「この病院はやめた！」。決まっているだろう寿命の中で、本を書き終える時間を今は知りたいと、それだけ！

宮子さんの猫友が、まだ手術してないの？　遅いよ、私の時なんかすぐ入院したよと、海に近い癌専門の大病院を名指ししました。

病院への移動にタクシーを使いたくて、タクシー代を考えて近くの病院にしたいと初めから考えていましたが、やはり電車通院にしようと心に決め、その大病院へ転院することにしました。

初回だけ、早く行くために往復25000円のタクシー代を使い、即決転院しました。そうしたら速攻で検査！　その後2回の通院は電車利用で頑張りました。

転院して数日で即・検査終了、早速入院日が決まりました。そして、入院した次の日に手術。なんとスピーディーな病院なのでしょうか！　最初の病院と雲泥の差！　やっぱり！　海（わだつみ）に近い大病院！

思えば、大病院のある地名「有明」は私のタクシー新人時代に走り回り、たくさん稼がせてもらった場所。神懸り的な仕事ができる私は、『有明の女王』と言われていた頃があるという、笑える話があります。

海の宮の神の誘導を感じながら、入院後8日間で退院決定。

これで本が書けるだろうと安堵したのですが、退院前日に、手術は成功したが縫合不全で20日間の退院延期になってしまいました。縫合不全の理由は分かりませんが、稀に起こることらしいのです。

そして、胃癌患者用の食事は最悪！　入院経験はすでにありましたが、今度ばかりは病院食への不満が多く、辛いものでした。そして、あんまり食べるなと言われ、代わりに点滴だけは延々と続きます。

点滴の針によって身体のあちこちが痛みます。

私は病院へ行くのは嫌いですが、入院については保険に加入してることもあるし、ゆっくり休めて何にもせずに過ごせるから、意外にも嫌いではないのです！

でも今回だけは、点滴の針の痛みと食事が辛く、歩け歩けと厳しく言われますので、自宅へ帰りたいと思いました。結果として、1カ月弱の入院になってしまいました。

退院後の外来で、担当医に仕事復帰はいつからできますかと聞くと、「医師としては、職業柄、術後3カ月は復帰していいと言えません」と答えられました。

エッ？　もっと長くてもよいのに、と思ってしまいました。理由は、仕事ができない期間は本の執筆に集中できると思っていたからです。何回も一から書き直していますから。すぐにお仕事できますよ、と言われたらどうしようなんて考えていました。なのに、外来結果は意外にもステージ1で、心配はないらしいのです。ステージというのは、ガンがどれくらい広がっているかを示す数字で、数字が上がるとリンパ腺や血管に転移しているなどの状態を示すということを初めて知りました。

執筆の時間まで増える、とんでもない「胃癌闘病記」になってしまいました。

担当医に色々ありがとうございましたと挨拶をしました。

自宅へ戻り、加入保険会社への書類を整理して、入金額を見ました。するとまたもや神ワザなのでしょうか？　神の言った「金の心配はするな！　金は神が回す」という意味はこれか？　と分かったのです！　縫合不全の入院延期の意味もこれだったのでしょうか？

セレブな患者ではないから、てっきりドクターが縫い目を荒く雑に縫ったのだろうかと内心疑っていたことに、心の中で懺悔しました。

本と電子書籍を含めた出版費用はなかなか高額で、私には大金だったのですが、加入していた保険の保険金で充分に賄えることを考えると、どう考えても神ワザです。

金は神が管理しているのだ、神も人により回し方は変わるのでしょうが、貧乏神の神様と話した時の内容からも、お金とは流れていくべきところへ流れるらしいのです。

今回は少し苦痛を伴ったけれど、これで老後資金が手つかずに済んだのは確かです。今となれば有難いことでした。

12　上から見てっから

お母さんの相談役の女性は「大丈夫！　『上から見てっから』」と、ケロっとした顔で言うことがしょっちゅうあります。彼女に言わせると、神様は常に見ているのだそうです。

私はドラマと映画に極端にハマった時期がありまして、その頃偶然、脚本家教室の講師という女性が乗車され、おもしろい話を聞かせていただいたことがあります。その時に小説、脚本、の書き方を学びに脚本家教室へ行きたいなー、と感じたのです。

また、違うお客様がお乗りになっていた時に、あるアパートに黄色い三角の布を紐で連ね窓から吊るしてあるのを見かけて、お客様に「まるで映画の『幸せの黄色いハンカチ』みたいですね。もしかして刑務所から帰ってくる彼を待っているのでしょうかね？」と話しかけると、その方も笑い出して、話がはずんだのです。お客様からは「私ね、クリエイティブな仕事しているのだけど、アナタ、何か浮かんだ時に何でも良いから全て書き残しておきなさい！　必ずよ、絶対にいつか書いたことが活きる時が来るわよ！」とも言われたのです。

テレビ各局では、新人脚本家賞を受賞した作品を年に1度ドラマ化しているということがありますが、それを見ていて、このくらいなら私にもできそうなどと一瞬軽々しく感じてしまう、そういう勘違いをしていた時期があります。脚本家教室へ行こうかなー、とまで思ってしまった時期があったのです。

プライベートの私は神事以外出不精で、行かずじまいに終わりましたが……。

今になり、神の導きで本を書くために私にパワーを与え、脚本家教室へ学びに行かせようとしていたのだろうかと、今は思えてならないのです。

人のアドバイスを素直に行動に移していたなら、今は苦労なく上手く書きあげることができたのだろうにと、神の導きに気づかずに無駄に時間を過ごしたことを惜しむばかりです。

クリエイティブな仕事をしていると言っていらした女性は、間違いなく神に導かれて私のタクシーに乗り、神からのヒントの言葉を与えてくださったのだろうと今になって思います。

その女性が手を挙げ私のタクシーに乗り込む時から、私も何か不思議なオーラを感じるお客様だと思っていました。

特に若い方々に対して反面教師として言わせてもらえるなら、何かしら無性にやろうと感じたことは何にでもチャレンジしてみたらいい、それが神からのメッセージ、導きなのではないかと、お伝えしておきたいと思います。

私のマンションの上の階に住んでいた宗像宮子さんが元気な頃に、「由実さん来世では今度はどんな仕事がしたい?」と聞かれて、

「そうねー、あっちこっちの場所を走り回る観光バスガイドを皮切りに色々やって、最後にはタクシー運転手で終わりそうだし、現世(今世)では接客重視にあちこち走り回ったから、来世は自宅で籠って、外に出なくてもできる作家にでもなろうかしら! ちょっとおもしろいストーリーを考えていてね……」と、死を目前にベットの中にいる宮子さんに話してあげました。

頭に浮かぶストーリーがあって、シングルマザーの個人タクシーの運転手と娘が親子で組んで、娘の彼氏を品定めするの。娘の苗字は父の苗字で、母の名とは別でね、でも母親と暮らしている。父親がかつてモテていたということもあって、母と子が〈男性をシッカリと品定めする〉ことに意気投合するという話。

娘のデートの帰りに、あらかじめ親子で打ち合わせしておいて、偶然を装って母

親のタクシーに乗り込むの。そして、娘は先に降りて残されたデートの彼氏に母親が話しかけて会話をするのね。タクシーの中では意外な本音を話す人って多そうでしょ？

母親はそういうテクニックがしっかりあるから送り届ける役目をするのよ。

すると彼氏の母親からスマホで連絡があって、母親が玄関に立って待っていて、料金まで支払って、「○○ちゃんお帰りなさい」とか言って、母親が「ちょっと待ったー！」と、マザコン男に「娘とは付き合うな」とか言って一悶着あったり。

次回の彼の話は、会話途中に今から違う彼女のマンションに行くと聞かされ、降ろしてから、また彼氏に娘と二股かけてるのか！　と怒ったりとか。

毎回の内容が破天荒で、ママの娘だから男運がないと嘆く娘とシングルマザーの話。

それがシリーズ化されたらおもしろいドラマになりそうじゃない？　日本人は、答えが分かってるけど何故か見たくなるドラマって好きじゃない？　そういう作品って流行るでしょ。

「これって、おもしろい？」と宮子さんに聞くと、凄く興奮し、若い女の子のようにはしゃいで、

「今！　今！　今よ！　書きなさい！」と笑っていて、その後は本の話で盛り上がります。

その会話から「あの本は嘘だった」と、私と宮子さんの秘密の本について、宮子さんの言葉が出るのです。思わず、「私！　本書くよ、宮子さんの本書くよ」と、口からポロッと飛び出ることになるのです。

あっ言ってしまったー、と思った瞬間に、神様について書くことは、神の存在を宮子さんに繋げられるのかもしれない、と感じるのです。

一般の、普通の人が神の存在を露骨に書いても理解されないだろう、宮子さんの捨て猫を大切に思う人の心から神の存在を伝えられるのではないのだろうかと思い、執筆の作業と格闘してきました。ですが、神の存在を感じないだろう人たちに、優しくカモフラージュして書き、さりげなく伝えるということは難しく、逆に誤解へと繋がるかもしれないと、もがき苦しみました。

そんな中で、率直に神様を書いてみることにしたのです。

宮子さんとの最後の時間がなければ、私なんかが本を書くことは、絶対に起こり得ないことだったのです。

13　サイキック捜査

日本では行われていない警察の霊力捜査ですが、海外では行われている国も多いようです。

お母さんのところで聞いた話の中に、驚くべき話は数々あるのですが、中でも特に印象深い話は……

「この前ねー、うちに来る人たちと神事（神懸り）で出かけた時に、ある山の中を通っていたの。すると女性の霊が乗っかってきちゃって、霊が『埋められている』と言うのよ」

当然成仏していないのです。お母さんは、成仏できていない霊の苦しさを、同じように体感して味わうわけです。

神懸りの人たちも一緒にその場にいたので、神懸りを中断して亡くなっている霊の話を充分に聞いたのだそう。霊を成仏させるまでの時間は話に付き合い、まずその霊の状況を知ることになりますが、同行していた人たちは皆、お母さんに「先生！埋められているだなんて、放っておけませんよね。今の話、警察へ届けましょう」

と言うのです。

お母さんはそれに近いことには慣れている人なので、「大丈夫！」と自分たちの行動に戻り、神社へ行ったのだと思います。

流石の私も、いくら何でもそれは警察に行かなくていいのかね？　何で行かないの、と言うと、「由実さん〜、こんなことを誰が真剣に聞く？　こんなことを主張して大ごとになれば、色々なところに引っ張り出されたり、マスコミの話題にされたり、天地がひっくり返る大騒ぎになるわよ」と。

これはお母さんには聞いてはいないので私的な推理ですが……、当時お母さんは国家公務員の妻という位置づけでした。埋められている場所が特定されないということになれば、旦那さんの仕事の立場にも悪影響を及ぼして、散々なことに巻き込まれていくかもしれません。

そういうことを危惧して、通報は避けたのだろうと思いました。

すると、「神様が憑いてるのでしょ！」「なんで教えてやらないんだ」と周りは思い、激怒されるのでしょうが、神のやることには必ず悪魔が邪魔をします。神と悪魔は一対《いっつい》のセットみたいなものでもあり、全てが全て、簡単に正義だけでことが進むとはいえないのです（人間界と同じく）。

お母さんはおそらく神にも意見を聞いているはずです。その答えの結果なのでしょう。

亡くなった人は元には戻せない、一度死んだ人間の物体に魂が戻って再生するのは不可能なのです。

人間の世界では、殺人犯だろう者を捕らえることが一番重大なことでも、神仏の世界の亡くなった魂の世界の中で何より重大なのは、亡くなった人の魂を上へ上がらせ、成仏させること！　なのです。

恨みを残さずに恨みを捨てることができて、魂は初めて成仏できると聞いています。

お母さんは言います。

「成仏させる、それが一番私のやるべきことなの。後のことは神様にお任せするのよ。女性（霊）にはシッカリ話をして理解させ、本人も納得してくれたから。あの女性は成仏できたから大丈夫！　必ずいつか結果は神様が答えを出してくれるから。私のやるべきことは女性の霊を成仏させること」と言い切りました、
私は「そうなのねー」と言うだけしかできず、話はそれで終わったのですが、本を書くとお母さんの相談役女性へ話した時には、全て本当のことを書けばいいと言ってくれたのです。

話は横道へずれますが、私の好きな１００歳を迎えた女流作家が、「物書きとして書きたいことがあってもこれだけは書けないって言うことがあるのよ。あーこれが書けたらどんなにいいだろうと作家魂が騒ぐけど、どうしても書いてはならないことってのが、悔しいけどあるのよ」と、ＹｏｕＴｕｂｅで話されていたのを拝見しました。

私にも、絶対に書けない、袋叩きにされることはあるのです。

本を書いて、１００歳の大好き女流作家の気持ちが心底分かるようになったのは、ちょっぴり私が成長したというふうに受け止めています。

神の発する言葉に、〈人が神を動かすのではない　神が人を動かすのだ〉というのがありますから、女性を埋めた犯人は神によって裁かれるでしょう。世間は霊能者を確かな者とは認めてはいないのですから、結末は神に任せるだけとなってしまうわけです。

サイキック捜査を重視していない現代、世の中にはそういう話が埋もれているということがあるとお伝えしたいのです。

仏界の霊と会話（交信）ができ、霊を見ることができる霊能者でも、神界から直接の力までは受けてはいない方が多くいらっしゃいます。

中には仏界専門で、霊視を主として、あまり目立った活躍はせず、多くの方々の力になり貢献されている霊能者たちもたくさんいらっしゃるのです。

理屈で申せば神は仏界も見ているわけです。仏界を担当する神の地位にある、権現様や観音様他の繋がりは当然ある中で、仏界の霊能者へ力を貸すという役割分担が微妙に異なるのだと理解していただきたいです。

勝ち負けとか、優秀・劣等とかでは全くなく、神でなければ力が及ばぬことはあるのです。数少ない方々が勘違いをして、仏界の霊能者が神界でしかできないことをサービス精神で関わり、結果的に確実な成果を挙げられずに終わり、世間に誤解を与えてしまうというケースがあって、現在は捜査の困難になると判断されているのが、サイキック捜査が重視されない理由ではないのだろうかとも思います。

14　靖国神社

お母さん（霊能者）に神の指示が降りた！

一週間断食をしろ、お茶と水は良い。


お母さんに神が降りてきた、霊能者として初心者の頃です。

東北育ちの兼業農家地主の穏やかな優しい両親の元で、天然に育った東北のお米大好きなお母さんには辛い辛いお告げでした。

最初の大きな試練だったと思います。

家庭があるので、食事を作る中では大変な我慢に違いないことだったと思います。

でもお母さんは頑張りました。正直、自信なかったようですが、一週間頑張り、その後、靖国へ行けーと神から言われ、私の運転で靖国神社へ行きました。

それまでは、霊能者の先輩方から聞いていたのでしょうか、「靖国神社とか明治神宮、豊川稲荷とかはね、社は大きいけれど神がいるわけではないから、本当の神社とは言えない」と話していました。

「だって人を神として、社を建て奉ってるのだから。神様を祀ってるのとは違う。

神社としての社はあるけれど、神様のいる神社じゃないもの。行ってはダメよ」と、そのくらいの話をしていました。

それが、毎回の神懸りで私がいつも笑ってしまうことなのですが、お母さんに神が降りてきて「靖国へ行け」と言うのです。お母さんは神様には忠実です。それから今までの話がまるでなかったことのように、忘れたかのように、「靖国神社！　由実行ける？」と聞くのです。私は吹き出しました。

一緒に行った時、神からはチャクラを解くと言われたらしく、「お母さん？　チャクラって何？」と聞いたら、「霊媒体質を抜くってことよ」と教えてくれました。

神は一時的に霊媒体質に鍵をかけました。

「ヘェー、ってことは、霊媒体質は、お母さんの霊媒体質は神パワーなのだ」と知ることになりますが、何故チャクラを解くのかというと、靖国神社で眠る戦死者や遺族たちが子孫を思う念や、その霊たち自身が、お母さんに憑依したら、お母さんの身体が大変だからだろうと私は想像します。

当時はまだまだ霊能者としてのスタート地点にいた状態だったからだと思います。

私は、靖国神社に行かされ、参拝をしてまいりました。

靖国神社、明治神宮、赤坂豊川稲荷（正式名：豊川稲荷東京別院）とかは、神がいる本当の神社ではないと否定していたお母さんですが、後々、明治神宮に祀られた明治天皇も降りてくることになります。

「由実、でもね、何でも何処でも神社だからとひょいひょい行けば良いってわけじゃないのよ！　由実は知らないから何処の神社にでも行くけれど、魔物がいる神社もあるのだから」と、お母さんからは聞いていました。

それなのに「この前ね、会社の近くの摩利支天に、感じがいいから行ってみたの。それで『こんにちは、初めまして』と挨拶したよ」と言ったところ、叱られてしまいました。

「そんなどうでもいい神社なんて行かないこと」と言われていたのです。

しかし、お母さんにはその後、摩利支天の神が降りてくるのです。

お母さんは、摩利支天の神が降りて挨拶してくれたからと、上野のアメ横の摩利支天へ、そして会社近くの摩利支天へも行き、お経をあげてました。

そういうことも重なり、由実の勘は天下一品と褒めてくれるようになりました。お母さんの人間としての勘がイマイチだった時期です。

でも私は、お母さんの神との交信は天下一だと、色々な出来事から認めているのです。

豊川稲荷神社の神が降りてきて話し、次は明治天皇が降りてきて話し……というように、お母さんのところには次々と多くの神々が降りてきます。この前キリストが降りてきたよと言った時には流石にギョッとしました。外国の神たちまで？　どれだけ降りてくるのかと。

初めの頃私に「○○には行くな！」と言っていた話がことごとく変わるのが、私にはおかしくておかしくて仕方ないことでした。明治神宮なんて行かないと初めは言っていたのに、「明治天皇が降りてきてね、驚いたわよ、明治天皇が『私は皇室の幸せは願っていない』と言うのよ！　私が願っているのは世界の平和だって言ったのよ、明治天皇は素晴らしい！」と急変し、褒めたたえるのでした。

世界が平和なら皇室も平和でしょと私は思うのですが。……ともかく明治神宮に行きなさいよ、と話が変わるのです。

おかしくておかしくて、ガイド時代に明治神宮は何回も行ってるよと、私は答えるのです。私がバスガイドになったのは、お母さんを神社仏閣へ連れて行くための神の導きだったのだろうかと思えるのでした。

私には神界の難しい話も、神の難しい名前を聞いても、記憶には残りません。仏界（仏界の担当の神たち）のお釈迦様、観音様、日蓮聖人、などの話も。でも、お母さんの神懸りのために運転するのは特に楽しい時間でした。

それから仕事中には靖国神社と明治神宮、赤坂豊川稲荷でお昼休憩してお腹を満たしているのでしたが、靖国神社で遅い昼ご飯（うどん）を食べ休憩していると、70代くらいのお婆さんが前を通り、私のタクシーへ乗って東京駅までと言われたのです。

お婆さんは戦争で婚約者を亡くしたのだそうです。何処で亡くなったとも知らぬまま年老いたそうですが、つい最近になり婚約者がお婆さんの夢枕に立ったので、婚約者の菩提寺をなんとか探し出し、住職から戦艦大和に乗っていて昭和20年4月7日に鹿児島県の坊岬沖で亡くなられたと、そしてもうその方の家族たちも皆亡くなられているから貴女の夢枕に立ち、靖国にいると思いを伝えたのでしょうと聞かされ、すぐに次の日、九州から朝一番の新幹線で来ました、と話しました。

「初めて東京に来ました。朝来て今から帰ります」と。

生まれて初めての東京の滞在時間は数時間。ほんの少しの時間、若い頃の婚約者に会うためだけに、どんな想いで来て帰るのだろうかと、私は涙が出てしまいました。

私は「本当なら私がホームまでお見送りができると良いのですが、タクシー料金は私の気持ちです。何か婚約者の方へのお供え物を買ってください。私からの気持ちとしてよろしくお願いします。お客様は旦那様となる人が戦死されて結婚できなかったとしても、今でも愛されています。お客様の夢枕に立って下さったのだから。お客様は世界一幸せな女性なのだと思います。また会いに来られるように元気で暮らしてくださいね」と言いました。

多くの御霊の眠る靖国神社には、神は降りているのかもしれません。
お婆さんが想いを残さぬように、戦争で亡くなった方々が戦死者の遺族の方々の怨念を残さぬためにも、お婆さんが亡くなって悔いなく成仏できるためにも、靖国神社を守る神様はきっといてくださる、神は守っていらっしゃるのではないのかと感じました。

15　出版社の縁

世の中は見えない縁で引き合わされているのだろうと思うのです。

「本を書く！」と感じた時に、以前日本では指折りの出版社の編集長さんから名刺を頂いていましたので、何か縁があるのではと思い出してその名刺を探したのですが、出てきませんでした。

本を書くのは、どういう流れでどうすれば良いのか……全く知らぬ世界のこと。

スマホで検索して出てきた出版社へ問い合わせてみたら、色々とアドバイスをもらえて、本の出版の概略は掴めました。優しく教えてくださったのでそこへまた連絡しようとしたのですが、何処だったかを忘れてしまいました。電話の履歴を見れば分かるのに何故かその方法を考えつかないのです。簡単なことなのに。

するとスマホの画面に、出版社の広告が流れてきました。てっきりアッと思いこの本の出版社へ問い合わせてみると、途中で前の出版社とは違うと分かったのですが、まっいいかー、住所見たら明治神宮近いし、主の神は多くの神々と言っていたから、お母さんに降りてきた明治天皇も力を貸してくれてるのかもと、選ぶ流れになってしまいました。

それから書き始めましたが、状況はアップダウンして、執筆期間は延びに延びます。

例えると。大手のタクシー会社に乗るお客様は、運転手に完璧を期待して乗られます。ですが完璧な運転手はおそらくいないのだろうと思うのです。人間はＡＩではありませんから、全てのお客様の期待に対応できる能力は持ち合わせていないのが現実です。完璧に近い努力を惜しまず働けていれば、優秀と評価されるのでしょうけれど。

出版社の方々も同様で、私の奥底にあるものを引き出す能力を発揮してはもらえず、順風満帆なスタートはできませんでした。１００歳の歳を重ねた作家でさえも難しい神の世界について書くということを、文学などを充分に学んでいない者が神から指名されてしまうという、悩ましい出来事なのでした。

16　道場の修行

お母さんと出会い、霊能力という見えないものの力を知りました。

密教という名も聞いたのです。

どのくらいの期間お母さんが道場へ通ったかは聞いてはいませんが、そう長い期間ではないと思います。

道場の先生方からの話を聞く中で多くの知識を学び、お母さんの身体の奥に秘められていた力が開花していくことになります。

神が降り始めた頃に、

「由実！　道場へはもう行かないから、最後の挨拶に行く。車で連れてって」と言うのです。

「うん！」と行く支度をしていると、その前に浅草の観音様へ挨拶して寄ってから行くと言いました。

私は言われるがままに走り出し、何処に道場があるかも聞くことなく向かいます。

隅田川の橋を渡る途中で龍神が降りてきた気配を感じて車を止めました。

すると、「行ってはならぬ！　氷川の森へ戻れ」と聞こえたのです。

これが、最初に私が聞いた、初めての神からの言葉です。

お母さんは、元々体質は違うと感じていたようです。道場へ通いだして徐々に変化を感じ出したそうです。

初めお母さんは、自分の家族の先祖たちに、浮かばれない、成仏していない先祖の霊があると、家族に良いことはないと思う一心から通ったのでしたが、家族のため＝自分のためにやりだした修行は、他人のために動かされることとなるのです。


まさかの展開になり、神が降りてきたのです。

その後は、あちこちの神々がキリストの神までも降りてくることになるとは、誰よりもお母さんが一番考えてはいませんでした。

その後は神からの指示で動くことになりますが、当時、霊能者の世界など一切分からなかった私は、何故神は道場への挨拶を中止させるのか、その意味をお母さんに聞いてみました。

「道場の先生たちはたぶん凄い力をお持ちで、私の身体に神が降りてきたということを見抜いている、そんな話がチラッと聞こえたの」

神を自分へ向けるように、お母さんから力を抜いて自分へ神を引き寄せる術をかけられているのだろうと感じていた、と。

「生徒から取るの？」と聞くと、

「凄いのよー、あの人たちは半端じゃないのよ。だって、凄い力がある人たちなのよー。そりゃそうよ、自分に神を向けたいわよ、その世界にいるのだから、複数の神の力を頂き活躍したいのだから、神の力を誰よりも分かってる人たちなんだから」と。

おそらく神は、お母さんと道場の人たちが距離を置く時期を作るために、会わぬように、挨拶には行かないようにとお母さんへ伝えたのでしょう。

私は、道場の霊能者たちの関係を知ることなく帰りました。

神は上から全てを見ているわけです。

その後、「人のために働け」という神の指示のもと、お母さんは霊視をはじめとした相談を受けたりしました。そんな中で時には、悪魔系、霊系の巨大な力のあるものとの戦いをして、霊能者の道場の先生方からのサポートも受けているのではないかと思うのです。

お母さんでも、強い霊能者のサポートなしに、支えなしには戦えないこともあるのです。それは霊能者同士の力をまとめることなくできることではないのです。

主の神でさえも、私だけの力でやるのではないと、多くの神々の力でなすことだというのです。霊能者でさえも、霊能者同士が力を合わせてやることもあります。それを人間は、自分がやったことだと大きな勘違いをしているのです。そんな者たちは数えきれないほどいるように見えます。

でも！　アナタができた理由の奥底には、そもそも神々が作った地球が根元にあり、そして、使用する機械や移動する物体を、素材から作った人々の知恵から成り立っています。

それらを利用させていただくことで、自分自身の成果が出せるのではないのでしょうか。

うわべの成果だけに満足し、感謝もせず、自分1人だけの力だと過信し、当たり前の便利さに気づくことが抜けていては、何事にも感謝の気持ちは生まれないでしょう。

それは人の成果だけではなく、全てのことにも通じることなのだと思います。「感謝」とは、多くの、ありとあらゆることをジャンルを問わずに学ぶ中で、心の底から自然に育つのではないかと思います。

神の言葉の中で、「感謝をしろ」という言葉はあまり聞いた記憶がありません。思慮深く思い起こしてもないなぁ〜、と思うのですが、何度も聞いたのは、「自分のことを願うな、自分のことは考えるな！」です。

「人の幸せを願え」というのが、常に聞かされる言葉です。

私は徐々に、自分のことを優先しない方向へは流れている気配を感じますが、それでもやはり、自分を守る思考はなくなってはいないようです。

ですが、宗像宮子さんの終末期に、宮子さんから、

「私ね、痛くないように最期は逝きたいの。眠るように逝きたいの。お願いね」という言葉を聞かされ、それだけ一心に、眠るように看取ることを願い、無の境地を味わうことになります。

それは私と宮子さんの縁を繋いだ神が、おそらく生まれて初めて味わう無の境地を、導いてくれたような気がしてなりません。

宗像宮子さんの命（魂）が天に召される時を共にできたことで、「人の幸せを願え」という神の言葉の意味に気づきました。

17　サッちゃん遊びに来る

お母さんには、5歳頃に亡くなってしまったお嬢さんが1人います。私がお邪魔していた時に、その子が降りてきたのです。

時を経て降りてきても、その頃のままのようで、可愛く話します。今は天界にいるようで、幼い子供たちの世話をしていると聞きました。

初めは御主人も、お母さん（霊能者）の異変、霊媒体質であることを信じておらず、困ったなぁーと、妻がおかしくなってしまってどうしたものか、と悩んでいたようです。

ですが、亡くなってしまった娘が妻の身体に降りてきて話し出し、天界での話や、神様からの許可で降りていることを聞いたら、徐々に信じてくれて、やがては涙を流していたそうです。

天界に咲く花は3次元の地球に咲く花とは違う花のようです。そういう色々な話をしてくれて、私には「オバチャンはお母さんのお友だち？」と質問もしてくれました。私は、あまりの感動的な出来事に、驚いてしまいました。もっと色々な話をしておけば良かったのですが。

そういうことはたまにあり、降りてきて話が長引くと、お父さんからそんなに長くいると神様に叱られるぞと言われ、天に戻るらしいです。

娘さんの名は、ここでは仮名で分かりやすく「サッちゃん」としておきます。

サッちゃんは亡くなる時に高熱が出て、息も苦しくて緊急搬送されたようです。原因が全く分からぬまま、当時の病院に何だかという医療機器が一台しかなく、当時状態の悪い子供さんが使用中だったため、医師も慌てていたようです。その患者も同じ年頃の子供らしかったのですが、お母さんは、気が狂ったようにドクターにしがみつき、サッちゃんへその医療機器を付けてくれと、その子の機械を外してとサッちゃんへ付けてくれと、狂ったように頼み込んだのだそうです。

だって、自分の子供が死にかけてるのよ、苦しんでる娘の姿を目の当たりにして、死ぬかもしれない状態で、もう耐えられなかったのよ、気が狂わんばかりに頼んだのよ、と。我が子が助かるなら地獄へ落ちる覚悟にでもなっていたのでしょう。

悪いと思っても、我が子に付けてやれないで死なせるなんてと、もう何も考えられないほど必死だった、と言っていました。

今思うと悪いことを無理矢理やらしたのよ。ドクターも考えに考えぬいた挙げ句サッちゃんに機械を付け替えてくれたのだそうです。ですがその甲斐もなくサッちゃんは亡くなってしまったのでした。

お母さん、その後で外された子供はどうなったのよと聞いたら、助かったのよ、良かったよ、本当に良かったと。

サッちゃんが亡くなってからずっと先になりますが、お母さんに神が降りてきて、その時のことについて神から聞くことができました。

サッちゃんが元気だった時、家族で蔵王へ遊びに行き、お母さんがサっちゃんへ蔵王のお釜の水をちょっとだけ口に含ませたらしいのです。その時に魔が入ったのだと。

お母さんは「ハァー」とため息を吐いていました。時間が過ぎたことではあれど、ショックだっただろうと思います。自分の浅はかさに胸が痛んだだろうと思います。

機械を取り付けられたサっちゃんも、機械を外された子供も、その時は多くの神々が集まり、必死で力を出した、だが神の力を出し尽くしてもサッちゃんの命を救うことはできなかったのだと、教えてもらったそうです。

でも、もう1人の子供の命まで亡くしていたならば、お母さんは一生平穏な気持ちの時間は持てなかったのだろうと想像できます。

サッちゃんは最近来ないの？　と聞くと、「この前来たわよ」と答えてくれました。何ともいえない〝母親の顔〟をしていました。

18　神は人間の使用人ではありません

今の会社に、神の話ができる運転手がいます。その人の知る男性霊能者（ご本人は霊能者という表現はなさらずに違う表現をされていました）が、彼が私にあることを教えてくれました。その話の中に痛感できる内容があったのです。

その方は、神仏の世界を怖がらずに話します。そのようにハッキリと言うのがご自分を守ることにもなっているのでしょう。「私にも家庭がある。大勢の方々が自分を頼りに来られても対応は無理だ、自分でできることは自分でやりなさい」と言って、浄化の仕方の本まで出されています。

お母さんがある時言ったのです。

「由実、アナタと話してる時は気が休まる、気が抜ける。〈こんなことをやって先生〉とか言われていると、良い人でいなければならないから気が休めない」と。

そう話す姿は、とても真剣でした。

この先は私の想像ですが、神様からは「縁ある者が来る」とよく言われるのですが、縁ある者たちだから全てが人格者かというと、話は別です。そして、縁ある者でも厄介な因縁因果を背負っている人もいるワケで、お母さんのところへそれを置いていくのです。

これは霊視除霊などをやる人にしか分からない苦労のようですが、体調にも影響がでることがあります。お母さんも1人の人間なので、長く神事をやる中では、誤解されないように言葉を選んだりします。立場上、「神様は罪は与えない」「自分が引き寄せる」「アナタの考え方が悪いから魔が侵入するのだ」とは言うに言えないのだろうと思います。


商売が上手くいかないからと訪れたら、上手くいかない理由は、全てが全て霊視で解決できるものばかりではありません。しかし、「神仏の力での解決策は根元が違うのですから、考え方を改めてください」と言うのが正解でしょうが、言わないのだろうと思います。

神仏の力を安易に考え、勘違いする人もいるからだろうなぁとも感じます。

そういう理由で、メンタルがクタクタになってしまうのだろうなあと想像します。

霊能者も人間で、人それぞれ持ち合わせた性格はバラバラで、嫌われることを恐れずにズバッと言う人であれば気楽にできる仕事なのではと私は思います。

ある日お母さんに見てもらった時、私の身に先祖からの怨霊が憑いていて、「由実、祓ってやる」と言われたのですが、その時私は、「お母さんの家族に迷惑をかけるから、いい。大丈夫、大変だから」と断りました。

これもポロリと出た言葉でしたが、何となく言わされたなぁと思うのです。あの時何故お母さん家族を気遣う言葉が出たのか不思議です。

相談役の女性は、みんな祓ってと言うのに珍しいと言いました。

これは全国津々浦々で活躍する霊能者たちの元へ、気楽に安易に感謝もなく押し寄せる者たちへのメッセージ、つまり神からの伝言なのでしょうか？

私の身内に、何かあると、田舎の拝み屋さんと言われる人の元へ行く人がいます。自分のことが一番で、欲深いことばかり。

別の身内が教えてくれたのですが、この前その人が拝み屋さんに行ったら、「アンタ！　また来たの、今日は何？」と、嫌な顔で言われたらしいのです。

毎回毎回欲深い願いごとで来る人は、拝み屋さんも神仏へ問うことなく、人として答えるようです。

天神の占い師さんに「アナタは占い師はできるけど精神的に大変だからオススメはしない」と言われたのを思い出します。

19　神の性格

神様には人間と同じように「性格」というのがあるのだそうです。

神事を知ると私は妙に悪趣味な性格になったと感じます。

誰にでもではないのですが、お金をかしたら必ず戻らないだろうと思う古くからの友人へ、もし貸したらどんな裏切り方をしてくれるのだろうか？　と見届けてみたくなり、本当に裏切られると、やっぱりねぇ〜、どんな嘘が潜んでるのか、など私的な人間観察が趣味となるのです。

人の性格にも、人の行動にも、人の言動にも、人の出会いにも、色々なことに、全て何かしら理由が潜んでるような気がしてなりません。

過敏になり過ぎぬように抑えてはいますが、得にはならない人間観察をしてしまいます。

人間たちには、ほとんどの人に守護神が憑いていること。

人間たちには、前世からの因縁、因果が背負わされていること。

人間たちには、先祖からの因縁、因果も背負わされていること。

人間たちには魂があること、そして、何回も輪廻転生を繰り返していること。

人間たちの魂には魂年齢があること。

前世からの経験が積み重なり、性格にも影響があること。

魂同士は前世からの知り合いで、魂同士は話をしているが、人間の物体としての身体は何も知らないのだとか。それを聞いたら、信じられない人間の行いの裏を推理したくなります。

この人の性格は前世からのものなのだろうか？　守護神は何だろうか、守護神の影響を受けた性格なのかしら、とか色々想像は膨らみます。


そして、神様にも性格があるのだそうです。

優しく甘い神様もいれば、厳しい神様もいます。人間と同じではないのでしょうが、少しだけ神仏の世界への興味が湧けば楽しいかもしれません。

20　霊感商法

私も側にいたのでシッカリと聞いていたのです。

社を建てよと言われました。

「お母さん。『社を建てよ』なんて、神様が神社を建てろって言っているってこと？　土地買わなきゃー」と言うと、しばらく考えて、

「違う。たぶん家の中に、神棚を大きくしたような、神棚とは形が違うけど、なんかそういう神様を祀る建て物を置けということだよ。たぶん、そういうのがあるのよ。由実は知らないだろうけど、そういうのがあるからそれを建てよ、置けっていう意味なのだと思う」と。

「いくらするの？」と聞いたらお母さんは、

「分からないけど、かなりの金額はするはずよ」と。

「どうすれば良い？」と聞いたら、う〜んと考え悩み、

「由実、前勤めてた会社ってどういう会社？」

「商社よ、建築資材の商社。工務店とか名の知れてる大手ゼネコン相手の仲介」

お母さんは、う〜んと唸っては頭で考え、また唸り……そんなことを何分続けて

いたことでしょう。

「由実の前の会社の社長さんを紹介してもらえる？」と聞いてきます。

どうも、お母さんの知り合いにとんでもない地位と名誉あるお知り合いの方がいて、その方と私の前職の社長をマッチングさせれば、紹介の手数料をいただけると、神様のお社を建てる、神様の言葉に応えられるだろうと、お母さんは真剣に考えたのでした。

要するにブローカーまがいの策略を構想してしまったのです。神様のお社を建てよと言われたお母さんは、お知り合いの許可も頂き、そういう理由なら仕方ない、力を貸そうと、しぶしぶではありましたが協力を考えてくださったようでした。


私も元会社の社長を紹介しました。社長は胡散臭いと思ったのでしょうが、紹介される相手があまりにもまともな立場ある方で、そして仕事自体が大きなことなので、悪い話では無いが、調子良くお願いしますとは言いづらいようでした。「神様ね～」と神妙な顔で連絡を待ち、お母さんと顔合わせをして済ませました。

その後、何があったか……。

お母さんは神からまたまた叱られました。

「人の人生を狂わすことをしてはならぬ」

私はそれを聞いて、神様の社を用意するために頑張ろうとして神様から叱られた、お母さんは可愛いなぁと、おかしくて笑えるのでした。やっぱりねーです。

お母さんはキョトンとしていました。神様のためにと考えたのにこっ酷く叱られたことがショックだったのでしょう。

それとおそらく、神から「金は心配するな　神が回す」と言われたのだと思います。

あの頃はわからないことでしたが、なるほどねぇ〜と感じます（今なら分かる）。

お母さんは、神様が社をほしいと言うから、一生懸命お金を作ろうと頑張りましたが、またまた神様からお説教されてしまい、人の人生を狂わせるところでした。

お母さんは神様には忠実ですが、天然過ぎるのでした。でも私も、立場が逆なら似たようなことをしたのかもと思います。

私は、初心者の霊能者と神様との関わりがおもしろく、時には不安でもありました。

霊能者が初心者である場合は、道を誤ることもあるのだと学びました。

霊能者も人であり人間です。仕事を辞めろと言われて、自らが収入を得られなくなってても、高額な物を用意しろと神から言われたら、素直に何とかしようとするのも役目だろうと考えてしまうはずです。

神とはそれらを全て知り尽くしてるはずなのに、初めから言ってくれないのは、上から見ながらどういう行動を起こすかと試しているのだとも知ることができたのでした。

おそらく神は、初心者のお母さんが、予想外にも軽々と恐ろしいことをやり出し始めたことに、下手なことを言ってしまったと後悔したに違いありません。

その後お母さんは、その内神様が何とか言って来るでしょうと、落ち着くようになりました。

そういう体験をし、私に、〈神の存在を伝えよ〉という神様の気持ちが、書いている内に段々と分かるような気がしてまいりました。あくまでも、たぶんとしか言えないことですが。

神様は、食費もいらない、住宅ローンも家賃も要らないのですから、神を持ち上げ、金を注ぎ込ませる輩がいるけれど、それは神の本心ではない、このようなことを伝えるために、私に本を書かせようとしたのだろうかと、感じてならないのです。

今現在の霊感商法と言われる、余りにも非常識な大金を教団のためと集められるのは、神に関わる者達が、教団を維持し人並み以上の贅沢な生活を維持する、そのお金を得るためなのだと思います。

神事にはお金も必要です。ですが限度があり、とんでもない額を徴収してまで行う行為は、神様自体がやらせないのです。

そして、神様が贅沢を好むのではないのに、常識外れな大金を集める宗教、教団、色々な団体からは、神様は抜け出ているのだと気がつくべきです。


お母さんが又々叱られたと言うのは、私が離婚後慰謝料を頂き、その中から神社仏閣のお金へ回したことです。私が、「慰謝料は要らない、残りは神様の社の足しに使って」と言って、置いていったのです。お母さんは「そうね、そしたらお金は預かって置くね」と預かりました。

離婚の慰謝料は、別れる時の色々な精神的に悔しさから貰った物ですが、そのお金で因果を背負うより、社を建てよと神が言うのですから、自分の生活は自分の収入でスタートする気でいたのです。

そのお金さえも、神からは預かることを叱られたのだそうです。すぐに返しに来たお母さんは震えていました。

要は、神様は、神事のためといって、貧しい者に無理をさせたり、地位ある者を動かしたり、悪い流れのお金を使ったりと、人間の常識で考えても分かるような、不自然なことはやらせないのです。

余裕を持ち、贅沢を控えた中で、神様への心あるお金で神事を回させるのだと思います。

21　お母さんの推理

お母さんがまだ初心者の頃に、オウム真理教のサリン事件が起きました。

当時は、何故オウム真理教にあれほどの信者が多く集まるのかが不思議なようでした。

日本の将来を担えるほどの優秀な人材が多く集まる教団だったので、深い興味を抱いていたようでした。

お母さん的には、「何かがいるよ。神ではないはず。悪魔系なのだろう。人間1人の力だけではあれだけの集団にはならないもの。何かが動かしているのよ。なんだろう」と、よく言っていたのでした。

大宮市には自衛隊の化学防護隊という部隊があるらしく、オウムは、化学防護隊を狙うためにサリンを空から空中散布でばら撒くなど、その後の計画を何か企んでいたのではないのか、でも大宮の街は氷川神社の神が守ってくれているから、何とか無事でいられたんだ、とも言うのでした。

悪魔なら、悪魔がやるならそれくらいはやりかねないというのです。

要は、大きな集団があると、その集団に憑いているものが集団を動かしている。人間は動かされているのだという、神仏を知る者の推理です。

全ての人間は、善悪（魔）両方を持っています。

人間が「欲」などの魔を持っていると、魔界からの魔はそこに入りやすくなるワケで、それを阻止できるのは魂の鍛錬なのでしょう。ですが、たまたまオウムの教祖には、かなり大きな魔界からの悪魔が入り込み、そして動かされ、集団として成り立つに至った、とお母さんは推理しているように思いました。

どんな悪人でも、あれほどの集団を作り上げるのは、人間の力だけでは不可能なこととして見ているのでした。

その後20年経ちました。

お母さんはその時、「悪魔と戦ったのよ、神と力がある霊能者たちと一緒に、悪魔と戦ったよ、守ったよ」と涙目で私に訴えるように言っていましたが、私は絶句するばかりで、詳しい話は何も聞くことができませんでした。

22　数々の悪さを許せー

お母さん（霊能者）と出会った頃に私は寒冷蕁麻疹が出ていました。持病として付き合うしかないとずっと思っていました。

ですが、お母さんのところへお邪魔した時、お母さんと相談役の女性が、私に憑いている霊が出てきて話したところ、かなり昔のお武家様が、母方の先祖に怨みを持ち、長年の間一族を幸せにはしないと怨念を持ち続け、成仏できていないのだ、と言ったそうです。

お母さんが「何をすれば怨みが晴れるか」と聞くと、「『観音経』」と言うので、「由実に観音経を唱えさせる」と返すと、「あの者の一族は神も仏もない」と答えるので、「必ず唱えさせる」と伝えたそうです。私は仏具屋へ行き、『観音経』の経本を買って、それを朝夕読まされました。

仏具屋さんは、「観音経は人の怨みを晴らすお経で、宗派問わないのだ」と言いました。私は生まれて初めてお経を読まされました。お母さんも一緒に観音経を読みました。

それから神が『宇佐へ行け』と言うので、「宇佐」を調べ、2人で大分の宇佐八幡宮へ行く支度をしていると、「私も連れて行ってくれ」と、お母さんの身体を通して、先祖から怨みを持つお武家さんがちゃっかりと言うのです。「私の崇拝する神なのだ」と。

私の運転する車で一緒に大分の宇佐八幡宮へ行く途中、お母さんが笑い出すので、どうしたのと聞くと、「お武家さんが早く行け！ と言った」というので、アクセルに力が入るのでした。

宇佐八幡宮へ着き参拝しました。先祖代々怨み続けていたお武家様は、お母さんの力と宇佐八幡宮の神の力で、天界へ上げてもらえました。上がる時にお母さんの口から『数々の悪さをゆるせー』と叫んでいましたが、無事、成仏したようです。「天界へ行ったからかなりの地位ある武将だったんだと思える」と聞かされました。

その後寒冷蕁麻疹は出なくなりました。

私の母の一族（家系）では長年の間確かに、船の沈没や、骨肉腫といった病気、何回も続いた貰い火事など、災難を立て続けに受けていたのでした。

御先祖様が、時代的背景からどんな行いをしでかし、強い怨念を受けていたのかも、現代に生きる子孫は誰も知らないのですが、このようなことは少なからずあるのだと伝えます。自分の非だけで起こる災難ばかりでは無いこともあるのです。

23　神の子供たち大きな役目

私にはずっーと深く重い考えが巡ることがあるのです。

天神と名のつく街の占い師は、「貴方には運命の人がいます。再婚するその人と出会い、晩年はそれまでの暮らしとは全く違う穏やかな暮らしがある。考えられない歳で女の子を授かる」と私に言いました。

似た種類の話を聞きました。

お母さんに神が降り、「由実は周りを綺麗にしろ！　引っ越しを」と、私に方角を指定し、伝えたのです。それまでは人に紹介された部屋に住んでたのです。

また、綺麗にというのは色々な意味が含まれているようでした、友人関係、精神的・経済的なこと、健康、全てを綺麗にと言われたのです。最後には子供を大切にするようにと。

占い師から、「晩婚だけど運命の人がいる、寡黙であるが言うべき時にはズケっと正論を言える、頭が良くて優しく、全て貴女の言うことを叶えてくれる人、人望高い男性で人の上に立つ人、一生お金には全く困らない、かなりの額のお金のある人、その人は軽々しい態度を女性にはしない、それまで貴女が好きになる男性とは全く異なる人だ」と言われた記憶が甦り、お母さんに伝えました。「由実！　再婚するということだわね」と言われ、神様までが占い師と同じ内容を言うのだと思いました。

ある時、この人かな？　と思う男性から食事に誘われたとお母さんに電話したのです。

するとお母さんが神様と交信して、「違う！　違うよ」と言うのです。私が「この人だよ」と改めて言うと、お母さんは力を込めて「絶対に違う、神が違うと言ってる」と言い、その最中に、付けるようにと渡されていた魔除けの水晶のネックレスが、何もしない、触れてもいないのにパッチンと弾け散ったのです。この男性は違う、違う男性だということを、水晶玉が弾けるという神業で知らされたのでした。

詳細は省きますが、最初に勤めたタクシー会社の談話室で、ある人と、田舎の相続などのよくある会話をしていた後に、「西山さん！　私とお付き合いしてください」と、いきなり言われたことがあります。会社の運転手でした。周りの運転手たちの話題にされたくないし、ハイとは簡単に言えなかったのですが、「貴方はかなりの財産相続があるでしょう？」と、また、言葉がポロリと私の口から飛び出てきました。

「ハイ」と返事をするので、「じゃぁ結末を教えて」と話し、メールアドレスを交換しました。その後、両親が亡くなり田舎へ帰りますというメールが来ました。財産配分の内容も報告がありました。計算したら、何十億もの相続をしたのだと知りました。姉と2人で相続したとの事です。

結局、私には水子がいる、水子を捨てることになるのなら、それだけの金持ち家系の男性の元へは行くべきではないと思い、メールのアドレスをブロックして消しました。

たぶん、本当の運命の人というのはその最初の頃に働いたタクシー会社の運転手だったのだと思います。そして、占い師の言った晩婚で生まれる女の子には、もしかしたら神はお母さんのような霊媒体質を授ける予定をしていたのではないのだろうか？　と思えて仕方なく、気が高鳴るのでした。

最近は少子化の時代になり、生まれてくる子供たちは、数は少ないが優秀な子が増えているという話を聞きます（霊力的な意味でも）。

霊媒体質を持つ子供を幼い頃から育てる時、親に全く神事・神界の知識がない場合には、魔が入りやすくなり、大変らしいのです。

神界を知る私へ、子供を大切にと伝えたかったのかと推理してしまいます。再婚は、相手の両親が他界した後に、気楽に暮らせる男性と、神の魂を持つ子供を任せる予定だったのだろうかと。
その考えは、実母から「両親が他界している気楽な人との再婚が良い」と言われていたこともあって、気になることでした。

これからの若き者たちへ、神様は神の魂を落とす子供たちを任せたかったのでしょう。しかし私の一存で予定を変えてしまったので、神への償いとして宗像宮子さんを看取らせて、宮子さんにあの本は嘘だったと言わせ、若者たちへ神の存在を知らせるという役目を、西山由実に与えてくださったかもしれないのかなと、そういう気持ちがしてならないのです。

その理由は、神の言葉に『子を大切にせよ』と言う言葉があったからです。

私は一度、子供を守ることから逃げています。
お母さん（霊能者）の身体を通して、何も話しはしないが弱々しい赤ちゃんであることは分かります。お母さんは女の子だったと言いました。私も女の子だと、流産した時に強く感じたのでした。
アナタのお母さんは？　と聞くと、私を弱々しく指差したのです。涙が溢れて胸が詰まる思いでした。

お寺へ行き、住職と話したら、今日は天界のお祭りの日ですと言うのでした。当時心の中で『祭』と名付けましたと住職へ告げると、偶然ですねと、戒名を作ってくれました。その位牌を今も大切にしています。

多くの人が集まる魅力ある子として育ってほしかったという気持ちで名付けたのですが、名付けたのは神様の存在を知らない頃でしたから、何故か神との縁を感じました。

我が子を守ることから一度逃げていながら、占い師の言う運命の人が、人格者で優しく多額のお金があるということ、神様もそのことをお膳立てして言葉を伝えてくれたこともあって、運命というのならおそらく私は再婚に進むのだろうと感じられていました。

ただ、2つ（占い師と神様）の言葉によって、人として恵まれた中で幸せに暮らせることを知らされても、再婚すれば、生まれることなく存在する私だけの子の魂を2度も邪気に扱うことになります。2度も我が子を守らずに生きることは、やってはならないと思うのでした。

子供の魂のプライドを守ることだけは、母にはなれなかった、私の母としてのプライドなのかもしれません。

占い師さんには「貴女の晩年は裕福な人格者と穏やかな何不自由無い生活を過ごす」と言われ、運命に身を任せれば、おそらくそうだったのでしょうが、例え貧乏で終わる一生であっても、『祭』という我が子の1人だけの魂を大切に守り、人生を終えることを選ぶことが、私の幸せであるという気持ちになりました。

縁あれば、先々来世で導かれるでしょう。神様の存在を確信できたことで、自分自身で自分の運命の選択ができたような気持ちになれました。

神様の存在を確信できること無く過ごしていたなら、どう言う選択をしていたのでしょうか。

正しく正直に生きるという、納得できる達成感を手にした時が、本当の幸せなのかなと思います。人の魂は永遠なのだろうと、思うからです。

完

あとがき

本の完成間近に私は癌になりました！

胃癌の次には乳癌になったのです！

前々から潜んでいた癌のようです。胃癌のセカンドオピニオンで、海に近い癌専門大病院にて、術後六か月検診で、造影剤を使うＣＴでの発見でした。

初めの病院で乳癌検査は２回目が見つかる半年前に受けていましたが、見抜けないままだった乳癌の発見ができました。

職場での健康診断で黒い影が出て、病院嫌いの私が早期癌発見へと結果的に繋がったのですが、病院には仕方なく行き、検査は悪いものではないとの事でしたが、最初の病院（医師）には色々な面で不信感がありました。

私流に申しますと、「神の導く縁ある病院」ではないのだろうと判断をしたという事です。

健康診断で、胸部レントゲン検査のＸ線画像は、胃癌も乳癌も乳腺も映りません！

普通なら異常無し、または違う病気と判断されるのですが、胃痛をついでに伝えた事で胃カメラ検査で胃癌を発見、セカンドオピニオンで受診した病院で最終的に乳癌を発見するという流れになりました。

健康診断を受けなければ仕事が出来ないから病院へ行ったのですが、その頃には強烈な胃痛を感じる日々でした。胃痛がなければ、健康診断の謎の黒影がなければ、胃癌も乳癌も潜んだままで癌だと知るのは何年か先になり、「おそらく長寿ではない」と天神という街の占い師の言っていた通りの結果になっていたのだろうかと想像します。

そして謎の黒い影の固まりはMRIには映りません！　ですが、それがきっかけで胃癌も乳癌も初期のレベルで手術になりました。

乳癌はステージ0《ゼロ》で、アッと言う間の乳癌手術の入退院となり4日で退院、あっけないほど悲愴感等はなくて！　笑えるくらいの出来事でした。

乳癌とはいやいや！　癌とは早期発見さえできれば、なんてことない「出来物」オデキであり、切り取れば普通に短期間で元気に暮らせるのだとつくづく思い知る事となりました。

謎の黒影は病院嫌いな人間（私）を病院へ行かせるための神のしわざなのだろうか?とさえ思えてなりませんでした。

胃癌は痛みを感じたら末期だといわれるのに、強烈な胃痛でしたが不思議に胃癌ステージ1。そして、最初の病院の女医さんからは「乳癌は60歳過ぎたらならないから」と、医者が乳癌を疑う意識さえ全くない軽口を言われたこと。医師としては考えられない素人以下の言葉でした。

その一言が病院を替えるセカンドオピニオンへのきっかけでした。

それに守られてるなぁと思うのは、当時ニュースで上皇后様が乳癌手術をされたと聞いていたこと、高齢でも乳癌になるのだとニュースが私の目に耳に入ってきていた、いや、情報を与えてもらえていたことからです！

過去のいくつかの入院経験から、病院、医師には意外に雲泥の差があること、経験からの知識で患者が病院と医師を選ぶことは必要だと痛感していたのもあります。

上皇后様のニュースで、私は乳癌になりやすい該当者としてリスクは高いだろうと検索して感じていました。

本書の執筆のキッカケは、宗像宮子さんを癌で看取る時間の中で、本を書き神の言葉を伝えるのだと閃いたことです。

癌で亡くなる彼女を見送った後から、神事を書き伝えるために本を書き出した私が胃癌になり、胃癌になったから初期の乳癌が早期発見できた流れはいったい何？

短期間に2回の癌とは？

ただの偶然なのかも知れぬが、乳癌検査をしていても見つけられぬレベルの小さな乳癌を、セカンドオピニオンで受診した病院で発見できたのは胃癌のおかげで、胃腸外科の医師の「念のため」に検査をしましょう、必ず見つけるからという情熱が伝わる言葉があったから。一般的な検査に付け加えた検査での発見でした。

色々な事が絡む中で、私の人生でどさくさの乳癌早期発見物語となりました。

色々な複数の出来事が絡む事や過ちは、神事、神ワザなのか？

神様から言われていた、人の幸せを願え、自分の事は考えるな！　と、神の言葉を叩き込むように聞かされている私には、『癌世界一の国』日本！

日本の神々達が守護する人間達を守るために、癌の検査の意識を高めさせるために！

このタイミングに私の身体を使い、読者へ忠告しているかのようにさえ思います。

癌は高度な医療機器で高度な目利きと意識で早く発見さえしていただければ、早ければ早いほど治療は簡単なのだと。転移する前に切れば良いのだ！

そのためには

海外旅行ができるなら！

高額な買い物ができるなら！

投資に注ぎ込む余裕があるなら！

美食グルメに飲食に夢中になるなら！

時間もお金も先に癌を見つけるために使いなさい！

と、神様が伝えたいのかどうかはわからないですが、癌は誰しもがなる！　細やかな異変を感じたら！　すぐ行動を取ってほしいと思います。

誰かの話を聞いたり、出来事、または記事、動画を目にしたりして少し気になった時に、「もしかしたら？　神様のメッセージなのだろうか」と癌を疑い、「意識が高い病院へ速攻で向かえ！」と、警告を発するのが異変なのではと思えてなりません。


乳癌検査をしていても分からぬままだった最初の病院と、乳癌を見つけ出した癌専門病院とのどさくさの偶然（謎の影）は、実は必然的な神のからくりだったのだろうかと想像します。

普通なら見落とされたままだったに違いない、検査済みの話ですから。

神は必ず良き縁を結んで人間に教えるから、癌だけに限らずアンテナを張り、神のメッセージを受け止めよ！

神様の存在を感じた体験がまた一つ増えたとお伝えいたします。

幸せとは、心と身体が健康であることなのだと。

本の表紙は、その作品の顔と言われます。当初は赤を基調にしたデザインを考えていました。

しかし、ある日曜日、タクシーの待ち時間に見た広告が私の考えを変えたのです。青い宇宙空間から地球が現れる映像を見た瞬間、これこそが私の本にふさわしい色だと直感しました。二度目に同じ映像を見た時、これは神のメッセージなのかなと確信しました。

神は青を通じて、不可能を可能にする力を示してくれました。この本の表紙に込められた青は、未来への希望と奇跡の象徴です。

そして、私たちの国がより良い方向に進むための指針でもあります。お母さんが30年前に語ったことがあります。「神が言ったよ！　日本に強い若きリーダーが現れる」。その言葉を信じ私はこの本を皆様に捧げます。

２０２４年、日本が新たな時代を迎える兆しを感じつつ、読者の皆様に感謝の気持ちを込めて。

〈著者紹介〉
西山由実（にしやま ゆみ）
1958年福岡県に生まれる
近畿大学附属女子高校卒
卒業後、東京の観光バス会社へ勤務
建築関連企業を経て
1995年から東京のタクシー乗務員

二十歳頃に占い師から「15年後に特別な普通ではない事が起こる」と予言され、実際に霊能者と出会い、神の世界を知ることになった。しかし、宗教には全く興味がなく、神様の存在だけを信じる者として生き、神様への感謝の気持ちを込めて本を書くことを決意した。

神《かみ》と人《ひと》を結《むす》ぶメッセージ
わだつみ

2024年11月21日　第1刷発行

著　者　　西山由実
発行人　　久保田貴幸

発行元　　株式会社 幻冬舎メディアコンサルティング
〒151-0051　東京都渋谷区千駄ヶ谷4-9-7
電話　03-5411-6440（編集）

発売元　　株式会社 幻冬舎
〒151-0051　東京都渋谷区千駄ヶ谷4-9-7
電話　03-5411-6222（営業）

印刷・製本　中央精版印刷株式会社
装　丁　　村上次郎

検印廃止

Printed in Japan
ISBN 978-4-344-69140-7 C0095
幻冬舎メディアコンサルティングＨＰ
https://www.gentosha-mc.com/